이상하지도 아프지도
않은 아이

귀를 기울이면
이상하지도 아프지도 않은 아이

초판 1쇄 펴낸날 2020년 7월 27일
초판 9쇄 펴낸날 2024년 12월 16일

글 김예원
그림 정진희
펴낸이 홍지연

편집 고영완 전희선 조어진 이수진 김신애
디자인 이정화 박태연 박해연 정든해
마케팅 강점원 최은 신예은 김가영 김동휘
경영지원 정상희 여주현

펴낸곳 ㈜우리학교
출판등록 제313-2009-26호(2009년 1월 5일)
제조국 대한민국
주소 04029 서울시 마포구 동교로12안길 8
전화 02-6012-6094
팩스 02-6012-6092
홈페이지 www.woorischool.co.kr
이메일 woorischool@naver.com

ⓒ 김예원, 정진희, 2020
ISBN 979-11-90337-41-0 73810

• 책값은 뒤표지에 적혀 있습니다.
• 잘못된 책은 구입한 곳에서 바꾸어 드립니다.
• KC 마크는 이 제품이 공통안전기준에 적합하였음을 의미합니다.

이상하지도 아프지도 않은 아이

글 김예원   그림 정진희

우리학교

> 이야기를 시작하며

우리가 학교에서 만난다면

장면 하나. 설레고 떨리는 마음으로 도착한 어느 초등학교 입학식 강당입니다. 긴장한 표정의 아이들과 그 모습을 반짝반짝한 눈으로 지켜보는 학부모들이 보이네요. 여기저기서 시끌벅적하게 오가는 말들이 풍선처럼 부풀어 올라 강당 지붕을 터뜨릴 것만 같습니다.

그때 저쪽 한구석에 전혀 다른 분위기의 공간이 보입니다. 자세히 보니 한 신입생이 휠체어를 타고 있네요. 주변 사람들의 표정도 살펴볼까요? 당황해하는 얼굴도 보이고,

신기해하는 얼굴도 보이고, 태연한 척 애쓰는 얼굴도 보여요. 그 표정들 속에 이런 생각들이 숨은 듯합니다.

'쟤는 몇 반이지? 혹시 같은 반?'

'왜 장애인 학교를 두고 이 학교에 다니는 거지?'

'어떻게 학교를 왔다 갔다 하는 걸까?'

왁자지껄한 입학식 현장에서 휠체어를 탄 신입생 주변만은 묘한 침묵이 감도는 섬 같습니다.

장면 둘. 새 학기를 일주일 앞둔 한 선생님이 담임할 반 학생들 파일을 들여다보고 있습니다. 그때 어떤 학생의 파일에서 다섯 글자가 유독 크게 눈에 들어옵니다.

'자폐성 장애.'

지나가던 학년 부장 선생님이 어깨너머로 흘깃 보더니 "힘든 일 있으면 언제든 이야기해요." 하며 어깨를 다독입니다. 스위치가 켜지듯이 갑자기 몰려오는 생각들.

'자폐가 있다면 특수학교에 가야 하는 거 아닌가?'

'우리 학교 특수교사는 어디 계시지?'

'이 아이와 상담할 때는 어떻게 해야 하지?'

'처음 이 친구를 소개하는 자리에서 아이들에게 어떤 설명을 해 줘야 할까?'

'학교에서 집까지는 어떻게 통학하는 걸까?'

'자리를 어떻게 정해야 하나?'

갖가지 생각이 꼬리에 꼬리를 물고 이어집니다.

이 책은 학교라는 공간이 장애 학생을 마주할 때 흔히 떠올리는 생각이나 궁금증을 바탕으로 이야기를 시작합니다. 우리가 어떻게 어우러져 살아갈지 한 번이라도 깊이 고민하는 기회를 던져 주고 싶어 쓰게 된 이야기죠. 공익 변호사로 장애 학생과 연관된 교육 현장의 여러 사건을 지원하면서 '그 많은 물음표를 초반에 잘 해결했다면 이렇게까지 사건이 복잡해지지는 않았을 텐데……' 하고 안타까워했던 순간이 참 많았거든요.

어떤 친구들은 이렇게 되물을지도 모릅니다.

"우리 학교, 우리 반에는 장애 학생이 없는데요?"

하지만 이런 식으로 한발 물러서기만 한다면, 우리는 영영 함께 살아갈 방법을 찾지 못할 거예요. 여러분이 많은 시간을 보내는 '학교'라는 일상적인 공간에서 서로를 구분하거나 경계하지 않고 있는 그대로 존중하며 살아가는 방법, 여러분 또래들의 이야기로 재미나게 풀어 가 볼까요?

2020년 여름

김예원

차례

이야기를 시작하며
우리가 학교에서 만난다면 … 4

리코더 사건 … 11

세잎클로버의 단서 … 31

단풍 카페 … 59

이상한 것도 아픈 것도 아닌 … 81

같이 가치 마음에 꽃 … 109

서로 다른 클로버가 모이면 … 125

그날 음악실에서

"아, 진짜 그만하라니까!"

날카로운 소리에 놀라 고개를 돌렸다. 비명의 주인공인 서윤이는 두 눈이 눈물로 그렁그렁했다. 시끌벅적하던 음악실이 찬물을 끼얹은 듯 조용해졌다.

서윤이는 교실에서 내 뒷자리에 앉는 아이다. 그런데 지금처럼 화내는 모습은 처음 보았다. 4학년 3반 모두의 시선이 서윤이 자리를 향했다.

"으아앙!"

서윤이는 책상에 엎드려 울음을 터뜨렸다. 그리고 그 옆에 조한이가 멀뚱히 서 있었다.

'우조한이 민서윤한테 뭘 잘못한 것 같은데……. 무슨 일이 있었던 거지?'

음악 수업이 있는 날이면 마음이 분주했다. 수업 종이 치기 전에 교과서와 악기를 챙겨 들고 음악실로 이동해야 하기 때문이다. 그래도 음악 시간이 싫지만은 않았다. 교실에서처럼 모둠별로 앉지 않고, 단짝 미영이와 나란히 앉을 수 있으니까.

게다가 작년만큼 수업이 부담스럽지도 않았다. 지난 3학년 2학기 때는 이중창 연습을 석 달이나 해야 했다. 다른 사람 앞에서 노래 부르기를 끔찍이 싫어하는 나에게는 정말이지 힘든 시간이었다. 할 수 있다면 그 시간을 영원히 삭제해 버리고 싶을 만큼.

4학년 1학기 음악 수업은 다행히도 '좋아하는 악기로 좋아하는 노래를 연습하기'다. 그래, 노래보다야 악기 연주가 백만 배는 더 낫지! 나는 연습할 악기로 '글로켄슈필'을

선택했다. 얼마 전까지만 해도 '실로폰'이라고 불리던 이 악기는 발음하기 어려운 이름이어서 오히려 더 멋지게 느껴졌다.

"야, 무슨 4학년이 유치하게 실로폰이냐?"

앞자리에 앉은 윤준이가 비웃었지만 나는 "실로폰이 아니라 글로켄슈필이라니까." 하며 코웃음 쳤다.

사실 우리 반에서 가장 인기 있는 악기는 리코더였다. 음악 시간만 되면 삑삑거리는 리코더 소리에 정신이 하나도 없었다.

오늘도 리코더 소리와 아이들의 수다로 소란한 음악실. 그런 와중에 서윤이와 조한이, 두 사람에게 무슨 일이 있었던 걸까?

4학년 3반이 된 지 벌써 두 달이나 지났다. 하지만 조한이와는 한 번도 말을 나눠 본 적이 없었다. 조한이는 주로 특수반인 '사랑반'에서 지냈다. 얼마 전까지는 '도움반'이었다가 왠지 말하기 쑥스러운 이름으로 바뀐 그 반.

사랑반에는 조한이 말고도 네 명의 아이가 더 있다. 한쪽 다리가 불편해 혼자 잘 걷지 못하는 1반 여자아이도 그중 한 명이었다. 그 아이가 사랑반 공익 선생님과 함께 복도를 걷는 모습을 몇 번 본 적이 있다. 우리 반 조한이는 혼자서도 잘 걷지만 거의 매일 사랑반에 가 있었다. 그러다가 지난 음악 시간부터는 음악실에서 함께 수업을 듣게 된 것이다.

조한이는 다른 남자애들보다 덩치가 커서인지 선뜻 다가가기가 어려웠다. 더군다나 활발한 애들이 말을 걸거나 다가가도 별 반응이 없었다. 때론 질문과 상관없는 엉뚱한 대답을 하기도 했다.

지난번에는 조한이가 갑자기 사물함을 쳐다보면서 "어어, 어어." 하고 소리를 내서 모두가 의아해하며 쳐다봤었다. 누구도 대놓고 말하지는 않았지만, 다들 같은 생각을 하고 있지 않을까. 조한이는 우리와 너무도 다른 아이라고.

조한이가 처음으로 음악 수업에 들어왔던 날, 미영이가 "쟤는 무슨 악기 연습한대?" 하고 물었고 나는 별생각 없이 "글쎄, 어려운 악기는 못 하겠지. 기껏해야 탬버린 정도 하지 않을까?"라고 대답했었다. 나는 아직도 조한이가 무슨 악기를 골랐는지 모른다.

음악 선생님이 엎드려 울고 있는 서윤이에게 다가갔다.

"서윤아, 무슨 일이니?"

그 옆에 앉은 시후가 대신 냉큼 대답했다.

"선생님, 조한이가 서윤이를 괴롭혔어요!"

조한이는 상황을 아는지 모르는지 딴청이었다. 음악 선생님은 조한이와 서윤이를 앞으로 데리고 갔다. 그렇게 얼마 남지 않았던 음악 시간이 끝나 버렸고, 우리는 악기를 챙겨서 음악실을 나섰다.

누가 잘못한 걸까?

"아영! 넌 아까 무슨 일인지 봤어?"

반 아이들은 음악실을 나서자마자 방금 일어난 사건을 두고 떠들기 바빴다. 나와 미영이도 마찬가지였다.

"아니, 나도 못 봤지."

"시후가 우조한이 민서윤을 괴롭혔다고 했잖아. 혹시 때린 건가?"

"조한이가 누굴 때리지는 않을 것 같은데……."

"암튼 3반 셀럽이 질색하는 행동을 한 건 맞는 듯."

서윤이는 우리 반, 아니 4학년 전체에서 모르는 아이가 없을 만큼 인기가 많은 아이였다. 아이돌 오마이허니의 메인 보컬을 꼭 닮은 데다 성격도 발랄해서 아이들이 좋아했다. 그뿐 아니라 옷도 잘 입고 스마트폰도 최신 기종을 쓰는 서윤이를 우리는 '3반 셀럽'이라 불렀다.

서윤이도 교실로 돌아왔지만, 조한이는 공익 선생님과 사랑반으로 갔는지 보이지 않았다.

"무조건 우조한이 잘못한 거지!"

단호한 시후의 목소리가 바로 뒤에서 들려왔다. 몇몇

아이가 뒷자리에 앉은 서윤이를 둘러싸고 있었다. 모두 서윤이와 같은 학원에 다니는 아이들이었다. 몇몇이 시후의 말에 맞장구를 치는가 하면 "조한이가 일부러 그런 건 아닌 것 같은데?"라고 말하는 아이도 있었다.

궁금한 마음에 슬쩍 뒤돌아보았더니, 서윤이는 벌게진 얼굴로 고개를 숙인 채 말없이 앉아 있었다. 그리고 수업 시작종이 울리자마자 서윤이는 담임 선생님과 함께 교실 밖으로 나갔다.

잠시 후 담임 선생님만 혼자 교실로 돌아왔다. 선생님은 평소처럼 다음 수업 과목 교과서를 펼쳤지만, 반 아이들은 여전히 서윤이와 조한이의 빈자리에 관심이 쏠려 있었다.

'서윤이는 어디 간 거지? 계속 기분이 안 좋아 보이던데…….'

다른 아이들처럼 나도 모르게 자꾸만 뒷자리를 돌아보았다. 서윤이 책상 위에는 상아색 리코더만 덩그러니 놓여 있었다.

누군가가 선생님에게 물었다.

"선생님, 서윤이는 어디 갔어요?"

"잠깐 쉬고 싶다고 해서 보건실에 갔단다."

"선생님, 아까 조한이가 자꾸 하지 말라고 했는데도 서윤이 리코더를 빼앗아 불었어요."

시후가 번쩍 손을 들고 말하자 아이들이 웅성거렸다.

"맞아, 나도 봤어."

"그럼 서윤이 리코더에 조한이 침이 묻은 거야?"

"으, 더러워."

그제야 무슨 일이 있었는지 알아차렸다. 서윤이 리코더는 학교 앞 문구점에서 흔히 파는 갈색, 분홍색, 하늘색이 아니라 바닐라 아이스크림과 같은 상아색이었다. 조한이가 그 리코더를 가져가 분 것이다.

어디선가 투덜거리는 목소리가 들려왔다.

"조한이는 그냥 사랑반에만 있으면 안 되나."

"야, 무슨 말을 그렇게 해?"

"아까처럼 사고를 치니까 그러지."

"조한이는 아프잖아. 아프면 그럴 수도 있지."

애들은 담임 선생님이 앞에 있다는 사실을 잊어버린 것 같았다. 얼굴이 점점 굳어져 가던 선생님은 펼쳤던 교과서를 도로 덮었다.

"자, 애들아. 지금부터 수업보다 더 중요한 이야기를 하려고 해."

선생님 표정이 평소보다 진지해 보여 나도 모르게 자세를 고쳐 앉았다.

"선생님도 오늘 음악실에서 있었던 일을 음악 선생님께 전해 들었어. 그 상황이 잘 이해되지 않았던 친구들은 손을 들어 볼까?"

주변에서 몇몇 아이가 손을 들었다. 망설이던 나는 슬그머니 귀 옆까지만 손을 올렸다.

"그래. 갑작스러운 일에 다들 놀랐을 거야. 오늘은 조한이가 두 번째로 음악 수업에 들어갔지? 조한이는 사랑반에서 지내기도 하고, 여기 3반 교실에서 지내기도 해. 그래서인지 조한이에 대해 아직 잘 모르는 친구들이 많은 것 같아. 누구든 조한이에 대해 알고 있는 걸 자유롭게 말해 볼까? 어떤 이야기든 좋아."

같이 살아간다는것

나는 행여 선생님과 눈이라도 마주칠까 봐 일부러 책상만 빤히 내려다보았다. 교실은 한참 동안 잠잠했다. 무슨 말이라도 꺼내야 할 것 같았지만, 조한이에 대해 아는 게 없으니 할 이야기도 없었다.

아무도 대답하지 않자 선생님이 말했다.

"아무도 선뜻 이야기하는 사람이 없네. 그럼 우리 학교 담벼락에 어떤 글씨가 쓰여 있는지 기억하는 사람?"

"'더불어 살아가는 청진초등학교'요!"

"맞아. 더불어 살아가는 학교. 더불어 살아간다는 건 무슨 의미일까?"

"같이 살아간다는 거예요!"

이번에 대답한 건 단짝 미영이었다. 오, 박미영. 좀 멋진데? 선생님은 웃으며 고개를 끄덕이고는, 뒤돌아서서 칠판에 무언가를 썼다.

'같이' 살아간다는 것

다시 돌아선 선생님이 말했다.

"그럼 우리 서두르지 말고 찬찬히 생각하면서 이야기할 시간을 가져 볼까? 너희와 '같이 살아간다는 것'에 대해 함께 생각하고 이야기를 나눠 보고 싶어."

'좋은 말 같기는 한데, 그게 오늘 음악실 사건과 무슨 상관이지?'

영문을 모르는 우리는 서로를 멀뚱멀뚱 쳐다보았다. 윤준이가 말했다.

"선생님, 다른 건 몰라도 서윤이는 잘못한 게 없는 것 같은데요?"

"누가 잘하고 잘못했다는 이야기가 아니야. 조한이는 사랑반에서 지내는 시간이 많잖아. 그래서 평소 서로 만나거나 대화할 시간이 얼마 없었을 거야. 하지만 조한이도 우리 3반 친구이고 구성원이잖니? 우리가 함께하는 데 무엇이 필요할지 또는 무엇이 달라져야 할지, 같이 생각할 시간을 가져 보자는 거야."

나는 여전히 선생님의 말뜻을 이해하기 어려웠다. 주위를 둘러보니 다른 아이들 얼굴에도 물음표가 가득했다. 선생님은 빙긋 웃으며 말했다.

"그래서 너희와 함께하고 싶은 것이 하나 있어. 한번 들어 볼래?"

우리 모둠은 불협화음

"모둠별 숙제 진짜 싫은데!"

교문을 나서면서 미영이가 투덜거렸다.

"야, 그래도 너희 모둠은 좀 친한 애들끼리 모였잖아. 우리 모둠은……."

내가 한숨을 쉬자 미영이도 안됐다는 표정으로 고개를 끄덕였다.

"하긴 셀럽에 자싸까지 한 조라니!"

우리 반 모둠은 한 달에 한 번씩 바뀐다. 그리고 바로 그저께 지금 모둠으로 바뀌었다. 우리 모둠은 나 이아영, 내 뒤에 앉은 민서윤 그리고 그 옆에 앉은 주하늘, 이렇게 세 명이다.

말했듯이 인기 많은 서윤이는 학원 그룹을 비롯해 주변에 모여드는 친구가 항상 많았다. 하지만 나랑은 어울리는 친구들이 달라 편한 사이는 아니었다.

두 달 전 새 학년이 시작될 때 전학 온 하늘이는 또 어떻고. 하늘이는 종종 이어폰을 귀에 낀 채 혼자 운동장 주변을 걷곤 한다. 요즘엔 스스로 아웃사이더가 된 애들을 '자발적 아싸'라고 부른다. 그래서 주하늘 별명은 자발적 아싸를 줄여 '3반 자싸'다.

3반 셀럽과 자싸 그리고 평범한 나 이아영. 공통점이라고는 찾아볼 수 없는 우리 모둠은 뭐랄까, 그래! 음악 시간에 배운 '불협화음' 같다.

삐삐삐, 현관문 도어록 소리가 들렸다.
"아영이 집에 있니?"
"어? 엄마, 오늘은 웬일로 일찍 왔어?"
"근처에서 외근하다가 끝나고 바로 퇴근했지."
엄마는 모처럼 일찍 퇴근해 신나는지 어깨를 들썩였다. 나도 마침 배고프던 차여서 반가웠다.
"먼저 저녁 먹을까 했는데 잘됐다! 미영이랑 떡볶이 사 먹었는데도 금방 배가 꺼졌어."

"원래 너 나이 때는 먹어도 먹어도 배고픈 법이야."

"아빠가 아침에 끓여 놓고 간 김치찌개 있어."

씻고 나온 엄마와 나는 식탁에 마주 앉았다. 김치찌개에서 풍기는 맛있는 냄새에 기분이 좋아졌다.

"딸, 오늘은 어떻게 보냈어? 학교에서 별일 없었니?"

"음, 사건이 하나 있긴 했지. 음악 시간에 민서윤이 울었거든."

"서윤이라면 이번에 네 뒷자리에 앉았다는 친구? 아니 어쩌다가?"

엄마는 아빠표 김치찌개를 맛있게 먹으면서 내 이야기에 귀 기울였다. 나는 일명 리코더 사건과 머리 아픈 모둠 숙제에 대해 열심히 설명했다.

그리고 담임 선생님이 종례 시간에 나눠 준 가정통신문을 내밀었다. 통신문의 맨 위에는 세잎클로버가 그려져 있었다.

"갑자기 웬 숙제냐고."

"선생님이 왜 이 숙제를 내주셨는지는 차차 알게 되지 않을까? 그런데 누구랑 같은 모둠이니?"

엄마는 찡그린 내 미간을 손가락으로 펴 주며 말했다. 내가 제일 고민하는 부분을 족집게처럼 찾아서 묻는 엄마에게 "그게 또 문제라니까." 하며 우리 모둠에 관해 이야기해 주었다.

"엄마는 어릴 때 혼자 하는 숙제가 더 싫었는데? 친구들이랑 같이 숙제를 하다 보면 서로 더 가까워지고 좋은 경험이 되지 않을까?"

담임 선생님도 그렇고, 어른들은 참 쉽게도 말한다. 그나저나 이 난관을 어떻게 극복한담!

　　우리는 저마다 다릅니다. 처음에는 다른 모습에 어색함부터 느끼기 마련이고요. 하지만 그 다름을 제대로 알려고 노력한다면, 어떻게 될까요? 어쩌면 우리의 다름은 생각만큼 큰 차이가 아닐지도 모릅니다.

　　'같이 살아간다는 것'을 이해하기 위한 '세잎클로버' 미션을 함께해 보려고 합니다. 3명의 모둠원이 함께 우리 사회 속 장애인에 관한 이야기와 경험을 나누어 보세요. 어떤 경험이든 좋습니다. 책이나 영화를 본 뒤 이야기를 나누어도 좋고, 기사를 찾아 읽고 토론해 본 경험도 좋습니다. 물론 기회가 생긴다면, 장애인 당사자 또는 연관된 일을 하는 사람과 직접 만나 이야기를 나눠도 좋습니다.

　　활동할 때마다 종이로 만든 하트 1개를 그 이야기와 어울리는 색깔과 함께 자유롭게 채워 보세요. 그렇게 세 차례 활동을 한 뒤 채운 하트 3개를 모아 1개의 세잎클로버를 만들면 됩니다. 2주 후 금요일 도덕 시간에 8개의 세잎클로버를 모아 모둠별로 발표 수업을 하겠습니다.

세잎클로버의 단서

이모는 공익 변호사

저녁을 먹고 엄마와 후식으로 아이스크림을 사 먹으러 나왔다. 동네 주변을 산책하며 먹는 아이스크림은 언제 먹어도 꿀맛이다. 게다가 오늘 밤은 따뜻해서 걷기 딱 좋았다. 바닐라 아이스크림을 보니, 문득 서윤이의 상아색 리코더가 떠올랐다.

그때 엄마가 좋은 생각이 있다는 듯 말했다.

"아영아, 지원 이모랑 이야기해 보면 어때?"

"지원 이모?"

"그래, 이모가 공익 변호사로 일하잖아. 특히 장애인 인권과 관련된 일을 주로 하거든."

엄마의 둘도 없는 동생인 지원 이모, 이모의 직업은 변호사다. 그렇게 원하던 변호사가 되었을 때 이모와 엄마는 손을 마주 잡고 펄쩍펄쩍 뛰며 기뻐했었다.

그나저나 장애인 인권 일을 하는 공익 변호사? 변호사는 법정에서 검사와 싸우는 사람인 줄로만 알았는데? 그래서 어디서든 목소리가 크고 말싸움에서 지는 법이 없는 이모가 딱 맞는 직업을 찾았다고 생각했었다.

지난겨울 지원 이모와 둘이서 지하철을 탔을 때 '임산부 전용'이라고 쓰인 내 옆자리에 한 아저씨가 다리를 벌린 채 큰 소리로 통화하며 앉아 있었다. 그런데 내 앞에 선 이모 옆으로 배가 볼록하게 부른 언니가 다가왔다. 그 언니가 멘 가방 손잡이에는 '임산부 먼저'라고 쓰인 열쇠고리가 달려 있었다. 하지만 아저씨는 잽싸게 눈을 감고 자는 척을 했다.

'아니, 이 아저씨는 왜 여태 통화하다가 갑자기 자는 척

을 하지?'

나라도 자리를 양보해야겠다는 생각에 얼른 일어나려던 그때였다.

"저, 선생님!"

헉! 지원 이모가 아저씨를 깨우기 시작했다. 사람들의 시선이 이쪽으로 향했다.

"지금 앉으신 자리가 임산부 전용석인데 양보 좀 해 주시겠어요? 여기 임산부가 서 계셔서요."

실눈을 뜨고 올려다보는 아저씨의 미간이 잔뜩 찌푸려졌다. 긴장한 나와 달리 이모는 태연하게 웃는 얼굴이었다. 다행히 아저씨는 쭈뼛거리며 자리에서 일어났고, 이모는 큰 소리로 "고맙습니다!" 하고는 옆에 선 임산부 언니를 얼른 그 자리에 앉혔다.

그 짧은 시간 동안 '혹시라도 아저씨가 화내면 어쩌지? 사람들이 다 쳐다보는데 창피해.' 하고 오만가지 생각이 들었다. 하지만 한편으론 후련했다. 설령 아저씨와 말싸움이 일어났어도 이모는 절대 지지 않았을 거다. 지원 이모는 그런 사람이었다.

"그런데 엄마, 공익 변호사는 뭐 하는 사람이야?"
"말 그대로 공공의 이익을 위해 일하는 변호사지. 사회적으로 소외된 사람들의 편에 서는 변호사."

"사회적으로 소외된 사람?"

알쏭달쏭한 표정을 짓자 엄마가 웃으며 말했다.

"자세한 건 만나서 이야기해 봐. 이모랑 같이 영화 보러 가기로 했다며?"

"아, 맞다!"

토요일에 내가 좋아하는 영화 시리즈 〈미쳐서 우주로 간 파닭파닭 2〉가 개봉한다. 지원 이모와 오랜만에 만나서 같이 보러 가기로 약속한 걸 깜박하고 있었다.

"그래, 영화 보고 나서 숙제 상담도 받아 보지 뭐."

나랑 지원 이모는 만나기만 하면 엄청난 수다쟁이가 된다. 둘이서 한참을 떠들고 나면 속이 뻥 뚫리거나 재미있는

생각이 솟아나기도 했다.

'어쩌면 좋은 아이디어가 떠오를지도 몰라.'

영화관 1열 한구석

토요일 오후, 지하철역 앞에서 지원 이모를 기다리면서 메신저를 확인했다. 역시나 우리 모둠 단톡방은 오늘도 조용하다. 슬슬 숙제 이야기를 꺼내야 할 것 같은데, 나도 눈치만 보고 있었다.

"아~영 아~영 아영아! 이아영!"

맙소사, 이 익숙한 목소리! 역 입구에서 내려다보니 지원 이모가 양팔을 휘저으며 계단으로 올라오고 있었다.

나는 이모를 좋아하지만, 저렇게 호들갑을 떨 때마다 조금 부끄럽다. 이모는 목소리도 워낙 쩌렁쩌렁 우렁찬 데다 4학년이나 된 내 체면은 아랑곳하지도 않고 애정 표현을 마구마구 해 대니까.

"오늘 미세 먼지도 없고 날씨 최고지? 우리 영화관까지 걸어갈까?"

지원 이모는 오늘도 큼직한 재킷에 청바지와 운동화 차림이었다. 항상 비슷한 패션이라 "이모, 좀 꾸미고 다녀."라고 말했더니, 이모가 "안 그래도 이렇게 아름다운데 꾸미고 다니면 사는 게 너무 피곤해지지 않겠니?"라고 대답했던 일이 떠올라서 피식 웃음이 났다.

걸어가는데 한 아저씨가 바퀴 달린 수레에 누워 바구니를 밀고 오는 모습이 보였다. 평소에도 이 근처에서 종종 보는 분이었는데 두 다리가 없는 것 같았다.

평소처럼 지나치려다가 주머니에서 동전을 꺼내 바구니에 조심스레 넣었다. "고맙습니다."라는 인사에 왠지 쑥스러워져 고개를 꾸벅하고는 뒤돌아섰다.

다시 지원 이모와 길을 걷는데 문득 궁금해졌다.

"이모, 이모는 항상 저런 사람들만 만나는 거야?"

"응? 저런 사람들이 누군데?"

"불쌍한 장애인 말이야. 엄마가 그러는데 이모는 장애인 돕는 일을 많이 한다며. 그럼 저렇게 불쌍한 사람들을 만나는 거 아냐?"

지원 이모는 잠시 생각하더니 대답했다.

"이모가 일하면서 만나는 사람 중에는 아영이 말대로 장애인이 많아. 그렇다고 그 사람들을 그저 불쌍한 사람이라고 생각한 적은 없는데? 저분도 마찬가지고. 물론 이모를 찾아오는 분들은 대부분 나쁜 일을 겪었거나 힘들게 살아온 사람들이긴 해. 그렇지만 그 사람들이 불쌍해서 변호사 일을 하는 건 아냐."

"그럼 왜 그런 일을 하는 거야?"

"음, 굳이 말하자면 누구나 당연히 누려야 할 권리를 모두가 누릴 수 있도록 같이 힘을 합쳐 싸우기 위해서랄까? 으하하."

"나 참, 누가 싸움꾼 아니랄까 봐."

우리는 금세 근황 토크에 빠져들었다. 아빠가 사실은 나보다 더 유튜브 중독이라는 이야기, 새로 산 내 방 옷장 이야기, 이모가 요새 맡은 사건 이야기를 떠들며 걷다 보니 어느새 영화관에 도착했다.

우리가 예매한 영화는 시작하려면 아직 25분이나 시간이 남아 있었다. 지원 이모가 팝콘을 사는 동안 나는 얼른 화장실에 다녀왔다.

"죄송하지만 어려울 것 같아요, 고객님."

화장실에서 나오는데 매표소 쪽에서 마주하고 있는 두 사람이 눈에 띄었다. 휠체어를 탄 남자와 유니폼을 입은 영화관 직원이었다. 왠지 심각한 이야기를 나누는 듯한 모습에 무슨 일인지 궁금해졌다.

그때 두 사람에게 성큼성큼 다가가는 한 사람이 보였다. 양손에 팝콘 콤보 세트를 든 채 위풍당당하게 걷는 저 모습!

'아, 이모 또 오지랖! 그냥 좀 가지.'

지원 이모는 두 사람과 이야기를 주고받았다. 잠시 후 직원이 고개를 끄덕이고 휠체어에 탄 사람도 이모에게 웃으며 인사했다.

아무 일 없었다는 듯이 다가온 지원 이모에게 무슨 일이냐고 묻는 레이저 눈빛을 쏘았다. 이모는 내 눈빛을 못 본 척하며 영화관 안으로 등을 떠밀었다.

영화관에서는 아직 광고가 한창이었다. 팝콘을 집어 먹으며 아까 무슨 일이었냐고 이모에게 물었다.

"휠체어에 탄 분 봤지?"

"응."
"저 자리 보여?"

상체를 숙여 지원 이모가 가리킨 곳을 보았다. 맨 앞줄 왼쪽 바닥에 무언가가 보였다. 장애인 주차 구역처럼 네모 칸 안에 휠체어 그림이 그려져 있었다. 다른 친구들보다 영화관을 자주 다닌다고 나름 자신하는 나인데, 저 자리는 오늘 처음 보았다.

"어? 저게 뭐야?"
"휠체어를 이용하는 관객에게 지정된 자리야."

작년에 개봉한 〈미쳐서 우주로 간 파닭파닭 1〉은 늦게 예매하는 바람에 맨 앞줄에 앉아 관람했었다. 영화를 보는 내내 눈과 목이 얼마나 아팠는지 모른다. 그런데 매번 영화를 볼 때마다 저 자리에만 앉아야 한다고? 그것도 저런 한구석에?

"영화관 장애인석은 보통 맨 앞자리나 뒷자리로만 지정되어 있거든. 아까 그분도 인터넷으로는 저 앞자리밖에 예매할 수 없었던 거야. 그래서 차라리 맨 뒤에 좀 더

넓은 공간에서 영화를 보게 해 달라고 요청했대. 그런데 직원이 무조건 예매한 자리에서만 볼 수 있다고 해서 이야기가 길어진 거야."

하긴 내가 직원이었어도 원칙대로 예매한 자리에서만 봐야 한다고 이야기했을 것 같다.

"그래서 이모는 뭐라고 했는데?"

"예전에 비슷한 상황을 본 적이 있거든. 그때 이야기를 들려주면서 뒤에서 관람하는 것이 이 사람이 원하는 편의라면, 들어주는 게 맞는 일이라고 설명했지. 직원분도 이해하시더라고."

"정말? 그게 맞는 거야?"

"응, 그게 맞아. 법에는 장애인이 누릴 '정당한 편의'라는 게 있어. 그걸 설명한 거야."

지원 이모는 그새 휠체어를 탄 사람과 명함도 주고받은 모양이었다. 이모가 보여 준 명함에는 우리 학교에서도 멀지 않은 대학교의 마크가 그려져 있었다. 마크 아래 '장애인 인권 동아리 회장 임하늘'이라는 글씨가 보였다.

더 묻고 싶었지만, 영화가 시작하는 바람에 질문은 뒤로 미루기로 했다.

정당한 편의가 필요해

영화는 생각보다 유치했다. 역시 속편은 전편을 따라가기 어려운가 보다. 그래도 지원 이모는 재미있는지 연신 깔

깔거렸다.

영화관 근처에는 이모와 내가 자주 가는 수제 와플 가게가 있었다. 오늘도 영화를 보고 나와서 어김없이 그곳에 들러 딸기 생크림 와플과 바닐라 셰이크를 주문했다.

"이모, 나 오늘 장애인석을 처음 본 거 있지? 사실 그동안 있는 줄도 몰랐어. 영화관에서 장애인을 본 것도 처음이었거든."

재미없던 영화보다 더 기억에 남은 장애인석에 대해 이모와 좀 더 이야기를 나누고 싶었다. 솔직히 말하자면, 세잎클로버 숙제 때문이기도 했지만.

"그거야 아영이뿐만 아니라 다른 사람도 마찬가지일걸. 장애인을 위한 영화관 시설이 아직도 많이 열악하니까. 아까 본 장애인석만 해도 그렇지?"

장애인 중에서도 영화를 좋아하는 사람이 엄청 많을 텐데……. 그 사람들도 당연히 나처럼 영화관에서 커다란 화면과 멋진 음향으로 영화를 즐기고 싶어 하지 않을까?

"이모, 그러고 보니 눈이 안 보이거나 귀가 안 들리는 사람들도 있잖아. 그 사람들은 영화관에서 어떻게 영화를 관람하지?"

"오, 우리 아영이 좀 예리한데? 아까 이모가 영화관에서 했던 말 기억나? 정당한 편의."

"응. 근데 어려운 말이라서 잘 모르겠어."

"정당한 편의를 풀어 설명하면 '장애인이 장애가 없는 사람과 동등하게 활동할 수 있도록 장애의 유형과 특성에 맞춰 편의 시설이나 서비스를 제공'하는 거야."

"그렇게 말해도 어려운데?"

"그러니까 쉽게 말하면, 어떤 장애가 있는 사람이든 장애가 없는 사람과 같이 다양한 시설과 서비스를 이용할 수 있어야 한다는 거지."

"그럼 눈이 안 보이거나 귀가 안 들리는 사람도 영화관을 이용할 수 있어야 하는 거 아냐?"

그 순간 나를 바라보는 이모의 눈빛이 반짝반짝 빛났다. 가끔 내가 맞는 말, 멋진 말을 꺼낼 때마다 보이는 눈빛이다.

"그렇지! 눈이 안 보이는 사람을 시각 장애인, 귀가 안 들리는 사람을 청각 장애인이라고 하잖아. 당연히 영화관에서도 이들에게 '정당한 편의'를 제공해야 하지."

"어떻게?"

"예를 들어 시각 장애인에게는 화면 해설이 필요하고 청각 장애인에게는 자막이 있어야겠지? 그런데 실제로는 이런 영화를 상영하는 극장이 별로 없어."

하긴 영화를 예매할 때 '장애인 할인 요금'은 보았어도 화면 해설이나 자막을 제공한다는 내용은 거의 보지 못한 것 같다.

"오늘 아영이가 영화관에서 장애인 관람객을 처음 봤다는 건, 우리 사회가 바뀌어야 한다는 의미라고도 할 수 있어. 다른 선진국에서는 어디를 가든 장애인을 흔히 만날 수 있거든. 그만큼 모두가 함께 이용할 수 있는 시설이나 서비스를 잘 갖추고 있지."

담임 선생님이 칠판에 썼던 글씨가 머릿속을 스쳐 지나갔다. 같이 살아간다는 것, 잘 이해할 수 없었던 그 말이 무슨 의미인지 아주 조금은 알 것 같았다.

시원한 바닐라 셰이크를 마시며 지원 이모가 말했다.

"우리끼리 이런 이야기 나누니까 왠지 낯선데? 우리 아영이가 언제부터 이런 문제에 관심을 가졌을까?"

"그게 사실은…….."

그제야 지원 이모에게 며칠 전에 일어난 리코더 사건과 세잎클로버 숙제, 우리 모둠에 관한 이야기를 들려주었다. 내 이야기를 열심히 귀 기울여 듣던 이모는 또다시 눈을 빛내며 말했다.

"이야, 진짜 좋은 기회가 될 것 같은데?"

"이모, 숙제랑 모둠 때문에 스트레스라는 내 말은 흘려들었지?"

"자자, 너무 어렵게만 생각하지 말고. 담임 선생님도 어떤 경험이든 좋다고 하셨다며? 근데 아영이 넌 이미 한 가지 새로운 경험을 했잖아? 오늘 일에 대해 모둠 친구들이랑 같이 이야기를 나눠 봐."

그러고 보니 선생님은 사소한 경험도 얼마든지 좋다고 했었다.

'정말 오늘 영화관에서 있었던 일을 모둠 애들한테 얘기해 볼까?'

숙제의 실마리

와플 가게를 나와 걷는데, 고등학생 정도로 보이는 남자 둘이 스쳐 지나갔다. 그런데 키가 좀 더 큰 사람이 다른 친구의 목을 팔로 꽉 감으며 "애자 새끼!" 하고 외쳤다.

지난번에 복도에서 6학년 오빠들이 같은 말을 하며 노는 모습을 본 적이 있었다. 정확히 왜인지는 모르겠지만, 그 말을 듣고 기분이 나빴다.

같이 걷던 지원 이모도 그 말을 들었는지 눈썹을 찡그렸다.

"이모, 저거 나쁜 말이지?"

"애자? 두말하면 잔소리지. 장애인을 빗대어 놀리는 말이니까. 지금처럼 '장애인'이라는 말을 쓰기 전에 '장애자'라는 말을 사용했는데, 그 말을 가져다가 남을 놀리는 데 쓰는 거야."

"아, 왠지 기분 나쁜 말이었는데 그래서였구나."

"그냥 웃자고 하는 말들을 가만히 살펴보면 그런 표현이 많아. '정신병자'나 '병신'이라는 말도 장애인을 비하하는 말인데 아무렇지 않게들 쓰잖아."

"헉! 진짜 그렇네? 드라마랑 유튜브에서도 자주 듣는 말인데……."

사실 나도 가끔 친구들과 놀 때 농담처럼 주고받았던 말들이었다. 다들 쓰는 말이라 아무렇지 않게 내뱉곤 했는데 장애인을 비하하는 말이었다니.

"그러고 보니 오늘 본 영화도 '미친' 닭 이야기잖아?"

"으하하, 맞아. '미쳤다' 같은 말을 아무 때나 함부로 쓰는 것도 별로 좋지 않지. 같은 맥락이야. 그러고 보니 우리 아영이가 감수성이 좋구나?"

감수성이 뭔 말인지 정확히는 모르겠지만 칭찬 같아서 그냥 어깨를 으쓱하고 말았다.

"세잎클로버 숙제로 이런 표현들을 정리해 봐도 좋겠는데?"

"오, 좋은 생각!"

"어때? 나랑 있으니 아이디어가 막 떠오르지?"

너스레를 떠는 지원 이모의 말에 장난스럽게 웃으면서도 신기하다고 생각했다. 평소에는 전혀 신경 쓰지 않았던 것들인데, 숙제 때문에 관심을 두니 자꾸만 생각이 뻗어 나갔다. 왠지 용기가 조금씩 샘솟는 것 같았다. 오늘은 서윤이와 하늘이에게 내가 먼저 메시지를 보내 볼까 하는 생각도 들었다.

지원 이모는 밝아진 내 얼굴을 보고 말했다.

"학교 숙제 이야기하니까 이모도 친구가 보고 싶네. 내일은 모처럼 인하네 놀러 가야겠다."

지원 이모의 고등학교 친구이자 베스트 프렌드인 인하 이모는 우리 옆 동네에서 카페를 운영하고 있다. 나도 종종 지원 이모를 따라 인하 이모네 카페에 놀러 가곤 했다. 이름은 단풍 카페. 나는 그곳에서 파는 팬케이크를 정말 좋아한다. 메이플 시럽을 잔뜩 뿌려 한입 베어 물면 얼마나 달콤한지.

또 단풍 카페는 다른 카페와 다르게 특별한 점이 있었다. 앗! 내가 왜 그 생각을 못 했지?

"이모! 나도 내일 인하 이모네 카페에 가도 돼?"

"너도?"

"응, 서윤이랑 하늘이도 같이. 모둠 애들이랑 숙제하려면 모여야 하는데 단풍 카페가 딱 좋을 것 같아!"

지원 이모도 잠시 생각하더니 씩 웃으며 대답했다.
"좋은 생각인데? 역시 우리 아영이, 나를 닮아 센스 있단 말이야."

이모와 헤어지고 집으로 돌아온 나는 잠시 고민하다가 모둠 단톡방에 들어가 메시지를 입력했다.
'보낼까 말까. 에잇, 전송!'

얘들아, 우리 모둠 숙제 슬슬 시작해야 하잖아. 혹시 낼 시간 어때?

막상 메시지를 보내 놓고 나니 조금 떨렸다.

'아무도 시간이 안 된다고 하면 어쩌지? 괜히 먼저 말을 걸었나?'

조마조마한 마음으로 기다리는데, 잠시 후 메시지 말풍선에 달린 숫자 2가 0으로 바뀌었다.

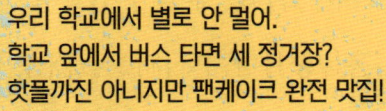
우리 학교에서 별로 안 멀어.
학교 앞에서 버스 타면 세 정거장?
핫플까진 아니지만 팬케이크 완전 맛집!

몇 시에 만날래?

'와우! 급번개 제안이 이렇게 성공하다니!'

뭔가 큰 미션을 해낸 기분이 들어 뿌듯했지만, 갑자기 걱정이 앞서기 시작했다.

'서윤이랑 하늘이가 단풍 카페를 맘에 들어 하려나? 앗, 그보다 밖에서 만나면 더 어색해지는 거 아냐?'

함께 생각해 봐요!

처음 장애인을 만나면 어떻게 다가가야 할까요?

장애인에게 다가갈 때 가장 중요한 것은 비장애인에게 다가갈 때와 다르지 않아요. 바로 상대방이 무엇을 원하는지를 먼저 물어보는 거예요. 상대방의 의사를 존중하고 배려하며 소통하는 자세가 무엇보다 중요해요.

기억하세요, 장애인도 자기 의사를 존중받아야 할 사람이라는 사실을. 장애인을 만나면 무조건 도와줘야 한다는 생각에 행동부터 앞서는 사람이 많아요. 하지만 그런 행동은 자칫하면 상대방을 당황하게 하거나 불쾌하게 만들 수 있어요. 예를 들어 길을 헤매는 시각 장애인을 돕고 싶은 마음에 무턱대고 팔을 잡으면, 촉감에 예민한 상대방은 깜짝 놀랄 수밖에 없겠지요. 한번 생각해 보세요. 여러분이 어리다는 이유로 의견도 묻지 않고 모든 것을 대신 해 주려는 사람을 만난다면 기분이 어떨까요?

　상대방에게 도움이 필요해 보인다면, "혹시 도움이 필요하세요?", "괜찮다면 제가 도와드려도 될까요?"라고 먼저 물어보세요. 장애인은 일방적으로 도움을 받아야만 하는 사람이 아니라 스스로 결정할 권리가 있는 사람이랍니다.

장애 유형은 어떻게 나눌 수 있을까요?

　장애는 크게 신체적 장애와 정신적 장애로 나뉘어요. 그리고 그 안에서 또 다양한 갈래로 나뉘고요.

　우리나라는 약 40년 전부터 장애인 등록제를 시행해 왔어요. 장애인에게 필요한 복지 서비스를 받으려면, 국가에 자신이 장애인이라는 사실을 증명하고 심사를 받아 등록해야 하지요. 그런데 이 제도가 처음 생겼을 때는 지체 장애인, 청각 장애인, 시각 장애인처럼 신체 장애가 있는 사람만 등록할 수 있었어요. 그러다 보니 다양한 장애 상태에 맞춘 지원이 어려웠지요.

　그러다가 2000년부터 점차 세부적인 장애 유형이 등록되기 시작했어요. 여러 변화를 거쳐서 정리된 현재 장애인복지법상 장애 유형은 다음과 같아요.

신체적 장애	외부 신체 기능 장애	지체 장애 뇌병변 장애 시각 장애 청각 장애 언어 장애 안면 장애
	내부 신체 기능 장애	신장 장애 심장 장애 간 장애 호흡기 장애 장루·요루 장애 뇌전증 장애
정신적 장애	발달 장애	지적 장애 자폐성 장애
	정신 장애	정신 장애

그렇다면 장애인을 처음 만났을 때 이런 유형부터 확인해야 할까요? 아니에요. 같은 장애 유형이라 해도 사람마다 특성이 너무도 다르거든요. 처음부터 유형에 끼워 맞춰 사람을 이해하려고 하면, 오히려 오해가 생길 수 있어요.

특수반은 어떤 반인가요?

특수반은 특수교육 대상자에게 맞춤형 교육을 제공하는 반이에요. 특수교육 대상자는 특수교육법(장애인 등에 대한 특수교육법)에서 '특수교육이 필요한 사람으로 선정된 사람'이에요. 특수교육이란 특수교육 대상자의 특성에 맞춘 교육을 말하고요.

특수교육법은 장애인복지법과는 또 다른 기준으로 특수교육 대상자를 시각 장애, 청각 장애, 지적 장애, 지체 장애, 정서·행동 장애, 자폐성 장애, 의사소통 장애, 학습 장애, 건강 장애, 발달 지체로 나누어요. 왜 법에 따라 유형을 다르게 나눌까요? 법의 목적을 생각하면 간단해요. 장애인복지법은 장애인에게 맞는 복지 서비스를 위한 법이고, 특수교육법은 장애 학생에게 맞는 교육 서비스를 위한 법이랍니다.

첫 번째 모임

    일요일 오후, 학교 교문 앞은 썰렁했다. 매일 아침 시끌벅적하게 들어가는 곳인데 이렇게 한산하다니 우리 학교가 맞나 싶었다. 운동장에서 축구를 하는 사람들, 놀이터에서 놀고 있는 어린아이들도 보였다. 학교 풍경은 평화로웠지만, 약속 시간이 다가올수록 내 마음은 콩닥거렸다.

    그때 저쪽에서 걸어오는 서윤이가 보였다.

    "서윤아, 시간 맞춰서 왔네."

"지금이 딱 교회 예배 끝나는 시간이거든. 오후 성경 공부 빠져서 잘됐지, 크크."

생각보다 밝아 보이는 서윤이 모습에 안심했다. 사실 서윤이가 이 숙제를 싫어하지 않을까 내심 걱정했었다. 숙제의 발단이 된 리코더 사건의 주인공이니까.

서윤이와 이야기를 나누다가 길 건너편에 서 있는 하늘이를 발견했다. 우리를 보고도 망설이는 것 같아 일부러 손을 크게 흔들며 인사했다.

"하늘아, 안녕!"

하늘이가 횡단보도를 건너왔다. 교실에서도 데면데면한 셋이 밖에서 만나니 아무래도 조금 어색했다.

버스를 타고 가는 길에 서윤이가 물었다.

"아영이 넌 그 카페 자주 가 봤어?"

"응. 우리 이모 친구가 하는 카페라서 가끔 이모 따라

서 가 봤지."

하늘이는 여전히 별말이 없었다. 망설이다가 먼저 말을 걸었다.

"참, 하늘이 넌 무지개그램에서 단풍 카페를 본 적 있다고 했지?"

갑자기 말을 걸자 하늘이가 당황해하면서 대답했다.

"으응, 맞아."

"오! 주하늘 너도 무지개그램에서 핫플 찾아보는 거 좋아해?"

서윤이도 SNS 이야기에 신이 났는지 하늘이에게 관심을 보였다.

"그렇다기보다…… 동네 지도를 그리는 게 취미라서."

"동네 지도?"

"응. 그래서 가끔 해시태그에 동네 이름을 달아 검색해 보거든. 특별한 장소를 지도에 표시하면 좋으니까. 그런데 단풍 카페가 눈에 띄더라고."

하늘이에게 그런 취미가 있다니 의외였다. 신기한 듯 쳐다보자 하늘이는 쑥스러운지 뺨을 긁적였다.

버스에서 내려 바로 보이는 골목으로 들어섰다. 골목 안으로 조금만 들어가면 단풍 카페가 있다.

"아영아, 벌써 왔구나!"

카페 입구에 도착하자마자 들려오는 명랑한 목소리. 지원 이모도 이제 막 도착한 것 같았다. 나는 엉겁결에 친구들에게 이모를 소개했다.

"우리 이모야, 얘들아."

"모두 반가워요. 이아영의 하나뿐인 이모, 김지원이라고 해요!"

나는 쩌렁쩌렁한 목소리로 인사하는 이모 옆에서 친구들의 눈치를 살폈다.

"안녕하세요."

서윤이와 하늘이도 꾸벅 인사를 했다.

"저도 오늘 단풍 카페 사장님과 약속이 있어서 왔어요. 정말 정말 반가워요."

지원 이모는 뭐가 그리 신나는지 하이 파이브까지 하자며 손바닥을 내밀었다. 그런데 의외로 서윤이와 하늘이도 재미있다는 듯이 웃으며 하이 파이브를 해 주었다. 생각보

다 착한 친구들이다, 쩝.

"자, 이 동네에서 최고로 멋진 카페에 온 걸 환영해요!"

지원 이모의 씩씩한 환영 인사와 함께 우리는 단풍 카페로 들어섰다.

누구나 환영하는 카페

카페에 들어서니 단풍 카페의 마스코트인 부엉이 인형이 가장 먼저 눈에 들어왔다. 부엉이 인형 목에는 '누구나 환영합니다.'라고 쓰인 피켓이 걸려 있었다.

"지원이랑 아영이 왔구나!"

커피를 내리던 인하 이모가 환한 얼굴로 손을 흔들었다. 지원 이모와 인하 이모는 신나게 인사를 나누느라 정신없어 보였다. 틈만 나면 만나면서 뭘 저렇게까지 반갑다고 난리인지, 참.

"아영이 친구들? 만나서 반가워요."

인하 이모는 서윤이와 하늘이에게도 반갑게 인사했다. 그런데 아이들은 조금 놀란 얼굴이었다.

사실 오는 길에 미리 이야기할까 고민했는데, 인하 이모는 얼굴 한쪽에 커다란 점이 있다. 오른쪽 뺨 전체를 덮는 나뭇잎 모양의 붉은 반점.

나와 처음 만난 날, 인하 이모는 놀란 나를 보고 웃으며 말했었다. 이 점은 이모에게 '행운의 나뭇잎'이라고.

"자, 무엇을 주문하시겠어요?"

"저는 마시멜로 듬뿍 넣은 코코아요! 단풍 팬케이크도 주세요!"

내가 먼저 주문하자 하늘이와 서윤이도 딸기 주스와 초콜릿 라테를 주문했다. 용돈을 꺼내려는데 지원 이모가 카드와 적립 쿠폰을 내밀었다.

"나는 시원한 미숫가루 한 잔 부탁해. 오늘 아영이 친구들도 왔으니까, 이모가 쏜다!"

"고마워, 이모!"

"고맙습니다."

주문을 마친 뒤 창가 자리로 가 앉았다. 서윤이와 하늘이는 카페 안을 여기저기 둘러보았다. 나지막한 책장이 가게 전체를 두르고 있었다.

잠시 후 인하 이모가 우리에게 음료와 팬케이크를 가져다주고, 지원 이모 맞은편에 함께 앉았다. 오늘은 카페가 한가로운 것 같았다.

"와, 맛있어. 진짜 팬케이크 맛집이네!"

테이블 사진을 찍고 팬케이크 한 조각을 맛본 서윤이가 감탄했다. 하늘이도 고개를 끄덕이는데 왠지 뿌듯한 기분이 들었다. 서윤이는 방금 찍은 사진을 바로 무지개그램에 올리려는지 휴대폰을 만지작거렸다.

"어? '단풍 카페' 검색하니까 '무장애 카페'라고 해시태그가 달려 있네. 이게 뭐지?"

서윤이가 묻자 하늘이가 대답했다.

"나도 그거 보고 궁금해서 알아봤는데 '장애물 없는 카페'라는 뜻이래."

"장애물 없는 카페?"

"장애인이나 어린이, 노인처럼 몸이 불편하거나 약한 손님들도 편하게 드나들도록 만든 거래. 아까 카페 입구도 자동문이었던 거 기억나? 입구랑 실내에 턱이 없고 테이블 사이가 넓어서 휠체어로도 편하게 다닐 수 있을 것 같아."

나는 하늘이의 차근차근한 설명에 깜짝 놀랐다. 자싸 주하늘이 이렇게 말을 잘하는지 몰랐다. 아니, 그것보다 언제 그걸 다 관찰했지?

"하늘아, 어떻게 알았어? 사실 우리 모둠 숙제에 단풍 카페 이야기가 도움이 될 것 같아서 너희를 데려온 거야!"

나는 내친김에 메뉴판을 다시 가져와 보여 주었다.

"얘들아, 이 메뉴판 좀 자세히 봐."

단풍 카페 메뉴판을 가만히 들여다보면, 메뉴 이름 옆에 오돌토돌한 동그라미들이 박혀 있다. 바로 시각 장애인 손님을 위한 점자였다.

인하 이모가 다가와 '쉬운 메뉴판'도 펼쳐 보여 주었다.

쉬운 메뉴판에는 각 메뉴를 찍은 사진이 붙어 있고, 그 옆에 귀여운 그림이 그려져 있었다.

"이건 글을 못 읽는 사람이나 지적 장애가 있는 사람, 어린아이도 쉽게 알아볼 수 있도록 따로 만든 메뉴판이야. 모든 메뉴의 사진을 붙여 놓고, 각 메뉴 안에 들어가는 재료를 그림으로 그려 넣은 거지."

"와, 꼭 그림책 같아요!"

서윤이와 하늘이는 감탄하며 열심히 메뉴판을 들여다보았다. 인하 이모는 메뉴판에 담겨 있는 내용을 재미나게 설명해 주었다.

사소해 보이지만 커다란 차별

"그런데 어떻게 이런 카페를 만드셨어요?"

서윤이가 인하 이모에게 물었다. 사실 나도 자세한 이야기를 들은 적이 없어서 궁금했다.

"아까 처음 만났을 때 내 '행운의 나뭇잎'을 보고 솔직히 놀라지 않았니?"

"행운의 나뭇잎이요?"

"내 얼굴에 있는 커다란 반점 말이야."

갑작스러운 말에 서윤이와 하늘이는 조금 당황한 것 같았다. 인하 이모는 괜찮다는 듯이 웃으며 부드러운 말투로 말했다.

"나는 안면 장애인이야."

장애인이라는 말에 두 친구는 더 놀란 얼굴이 되었다.

"얼굴에 큰 흉터가 있는 경우도 정도에 따라 안면 장애에 해당하거든."

옆에서 지원 이모가 설명해 주자 서윤이와 하늘이는 고개를 끄덕였다. 인하 이모의 이야기가 이어졌다.

"얼굴에 커다란 반점이 있다는 이유만으로 오래전부터 많은 일을 겪었어. 대학을 졸업하고도 이 점 하나 때문에 일을 구하기가 너무 어려웠거든."

이번에는 나도 놀랐다. 항상 밝은 모습의 인하 이모에게 그런 힘든 시기가 있었는지는 몰랐다.

"그러다가 어렵게 카페에 취업했는데, 내 얼굴을 보고 손님들이 놀란다며 그만둬 달라는 이야기를 몇 번이나 들었어. 그렇게 여기저기 옮겨 다니다가 나와 같은 상황에 놓인 사람들의 인권에 관심이 생긴 거야."

인하 이모는 여러 곳에서 일하면서 몸을 자유롭게 움직이기 어렵거나 다른 사람의 도움이 필요한 사람들이 편의 시설을 이용할 때 어떤 불편을 겪는지도 깨달았다고 했다. 그러면서 문턱이 높거나 경사로가 따로 없어서 휠체어와 유아차는 들어갈 수 없는 곳, 메뉴판이 너무 높이 달려서

키가 작은 사람은 볼 수 없는 곳, 메뉴 이름이 어려운 영어로만 쓰여서 읽기 어려운 곳들을 예로 들었다.

"그래서 오랜 시간 준비한 뒤에 이 카페를 차린 거야. 장애인, 노약자, 어린아이 누구나 몸도 마음도 편히 이용할 수 있는 공간을 만들고 싶었거든."

인하 이모의 이야기를 듣는 동안 놀라기도 했고, 복잡한 마음도 들었다.

'나는 아무렇지도 않았던 것들인데 누군가는 너무나 불편했구나.'

서윤이와 하늘이도 같은 생각을 하는지 사뭇 진지해 보였다. 인하 이모 이야기를 듣다가 어제 일이 떠오른 나는 아이들에게 영화관 장애인석 이야기를 들려주었다. 서윤이는 자기도 여태 장애인석이 있는지 몰랐다며 깜짝 놀랐다.

지원 이모가 씁쓸한 얼굴로 말했다.

"영화관이나 카페 말고도 많은 곳에서 사소한 차별이 일어나고 있어. 작아 보이지만 실은 커다란 차별이지. 최근에 놀이공원 소송을 진행하고 있는데, 어떤 놀이공원에서 시각 장애인은 롤러코스터를 못 타게 한 거야. 그건 장애인 차별이라고 소송을 냈어."

"왜 못 타게 했는데요?"

"눈이 안 보이면 비상시에 대피하기 어려워서 놀이공원 지침상 금지되어 있대."

"그런 게 어디 있어요? 저도 롤러코스터 탈 때 무서워서 눈을 꼭 감고 있는데! 그리고 놀이기구가 고장 나면 당연히 놀이공원에서 사람들을 구해야 하는 거 아니에요?"

서윤이가 잔뜩 화난 목소리로 말했다.

"당연하지 않은 일들이 너무 당연하게 일어나고 있지.

인하가 이 카페를 시작한 것도, 내가 공익 변호사로 일하는 것도 그런 말도 안 되는 일들이 벌어지지 않도록 현실을 조금씩이라도 바꾸고 싶어서야."

조금 다르게 보이는 세상

오후 네 시가 넘어서야 우리는 단풍 카페를 나섰다. 지원 이모는 인하 이모와 좀 더 놀다 가겠다고 했다.

우리 손에는 곱게 포장된 쿠키가 하나씩 들려 있었다. 인하 이모가 선물한 쿠키 위에는 '예스위캔 중증 장애인 생산품'이라고 적힌 스티커가 붙어 있었다. 중중 장애인들이 직접 만들어 판매하는 제품이라고 했다.

쿠키를 먹으며 버스 정류장에서 버스를 기다리는데, 서윤이가 문득 말을 꺼냈다.

"우리 가족은 요새 카페에 잘 못 가."

"왜?"

"다섯 살짜리 남동생이 있거든. 요샌 어린애들을 못 들어오게 하는 카페가 많잖아. 근데 단풍 카페는 어린이까지도 환영한다고 해서 놀랐어."

"나도 지난번에 인하 이모한테 왜 단풍 카페는 노키즈 존을 안 하냐고 물어봤거든? 이모는 어린애들이 돌아다니거나 떠드는 건 자연스러운 거고, 애들이 지나치게 행동하는 건 보호자 책임이래. 그것 때문에 무조건 아이들을 못 들어오게 하는 건 잘못된 일이라고 그러더라."

가만히 듣고만 있던 하늘이가 "나도 그렇게 생각해."라고 말하더니 잠시 머뭇거리다가 말을 이었다.

"아영아, 오늘 단풍 카페 정말 좋았어. 다음에 또 가고 싶어."

서윤이도 말했다.

"나도 나도! 팬케이크도 완전 내 취향! 나 '단풍 카페' 해시태그 달아서 무지개그램에 올릴래."

그 말에 어젯밤부터 내내 걱정했던 마음이 사르르 녹아내리는 것 같았다.

집으로 돌아갈 버스가 도착했다. 버스 중간에는 좌석 없이 텅 빈 곳이 있었다. 그쪽 벽에는 휠체어, 유아차, 캐리어 모양의 마크가 붙어 있었다. 비어 있는 자리가 있었지

만, 우리는 그곳에 서서 가기로 했다.

"저런 곳은 휠체어로는 올라갈 수 없겠지?"

하늘이가 문득 창밖을 가리키며 물었다. 버스 창밖으로 스쳐 지나가는 건물들은 언뜻 보아도 대부분 문턱이 있었다. 아주 가끔 경사로가 있었지만, 거의 찾아보기 어려웠다.

우리는 가는 내내 말없이 창밖을 바라보았다. 이상한

기분이 들었다. 오는 길에는 아무 생각 없이 바라본 풍경이, 가는 길에는 조금씩 새롭고 다르게 보였다.

그날 밤, 자려고 누웠는데 '띠로롱' 하고 휴대폰이 울렸다. 모둠 단톡방에서 울린 알림 음이었다.

　　잠시 후 서윤이의 무지개그램에 들어가 보니, 오늘 올라온 사진이 보였다. 서윤이의 초콜릿 라테, 하늘이의 딸기 주스, 나의 마시멜로 코코아 그리고 팬케이크가 사이좋게 찍혀 있었다. 단풍 카페의 마스코트 부엉이 인형과 쉬운 메뉴판을 찍은 사진도 보였다.

　　나는 사진 아래 하트 표시를 힘주어 꾹 눌렀다. 서윤이가 올린 해시태그처럼, 오늘은 정말 특별한 일요일이었다.

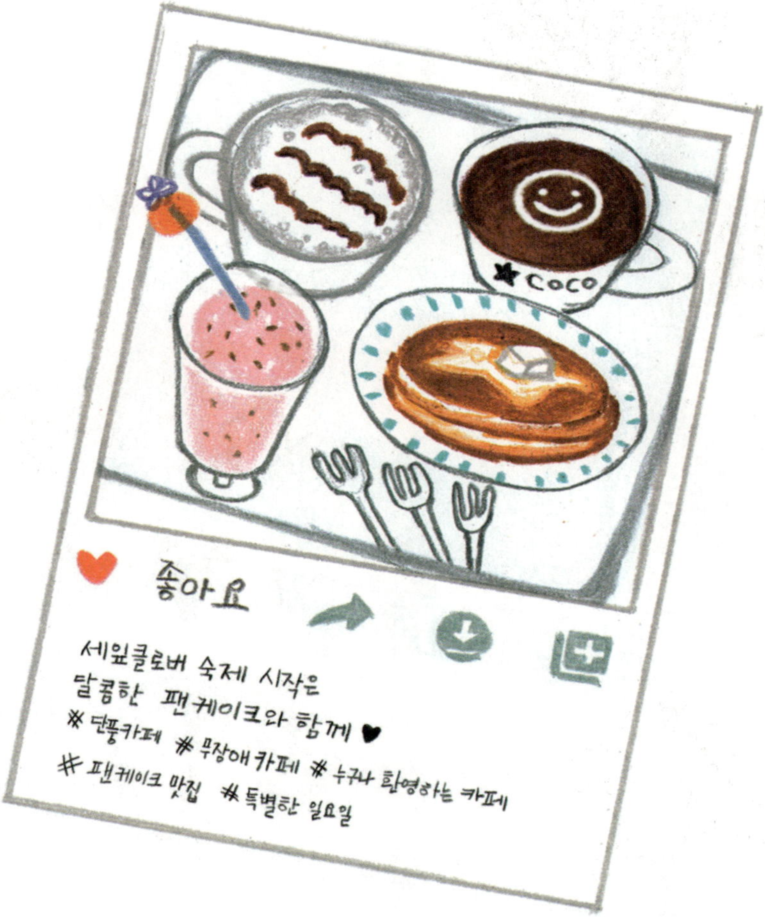

♥ 좋아요

세잎클로버 숙제 시작은
달콤한 팬케이크와 함께 ♥
단풍카페 # 무장애 카페 # 누구나 환영하는 카페
팬케이크 맛집 # 특별한 일요일

이상한 것도 아픈 것도 아닌

청소 시간에 일어난 일

월요일 아침, 학교로 향하는 길에 미영이를 만났다. 누가 수다쟁이 아니랄까 봐 미영이는 만나자마자 주말에 있었던 일들을 미주알고주알 떠들기 시작했다. 미영이네 모둠도 주말에 모였는데, 노느라 정작 숙제는 시작도 못 했다고 했다.

교실로 들어서니 뒷자리인 서윤이와 하늘이가 이미 와 있었다. 괜히 다른 날보다 더 반가운 기분이 들어 먼저 "안

녕." 하고 인사를 건넸더니 서윤이가 "아영, 안녕!" 하고 밝게 인사했다. 하늘이도 미소 지으며 손을 들어 보였다.

아침 조회 시간, 담임 선생님이 이번 주에 할 일을 공지하다가 덧붙였다.

"참, 지난주에 이야기한 세잎클로버 숙제는 다들 시작했니?"

"네!"

"아니요, 아직요!"

"그래. 그때도 말했지만, 너무 어렵게만 생각하지 않았으면 좋겠어. 너희가 일상에서 접할 수 있는 어떤 일이든, 어떤 이야기든 모두 의미가 있다고 생각해. 혹시 궁금한 게 있으면 언제든 물어봐."

우리 반은 매일 점심시간이 끝나기 10분 전에 간단한 청소를 한다. 이번 주부터 한 달간 나는 하늘이와 함께 복도 사물함 위 먼지를 닦는 '복도조'다. 우리는 마른걸레를 들고 복도로 나갔다. 마침 '신발장조'인 서윤이와 윤준이도 신발장을 정리하고 있었다.

"야! 우조한! 아, 진짜!"

마른걸레로 사물함 위를 닦는데, 저쪽 복도에서 우유 바구니를 들고 오는 시후와 조한이가 보였다.

"우조한! 똑바로 좀 들라고."

시후와 조한이는 우유 당번인 것 같았다. 그런데 시후가 우유 바구니를 똑바로 들라고 몇 번을 말해도 조한이는 꼼짝도 하지 않았다. 그저 말없이 바구니를 든 한쪽 팔을 축 늘어뜨린 채 우유만 쳐다보고 있었다.

시후가 큰 목소리로 짜증을 냈다.

"담쌤은 왜 우조한한테 당번을 시키는 거야. 이럴 거면 그냥 특수반에 계속 있으라고!"

그 순간 마음이 쿵 하고 내려앉았다.

'조한이도 다 듣고 있는데…….'

신발장을 정리하던 서윤이와 눈이 마주쳤다. 서윤이 표정도 조금 당황한 듯 보였다.

그때 옆에 있던 하늘이가 나에게 "잠깐만." 하고는 시후에게 다가갔다.

"시후야, 괜찮으면 오늘은 내가 대신 조한이랑 우유 바

구니를 가져다 놓을게."

하늘이는 시후 대신 우유 바구니 한쪽을 잡고, 다른 한 손으로는 조심스레 조한이 손을 잡았다. 그리고 말없이 싱긋 웃는 얼굴로 조한이와 눈을 맞추었다. 1초, 2초, 3초…… 낯선 광경에 시간이 잠시 멈춘 것 같았다.

꼼짝 않던 조한이는 한참 후에야 우유 바구니를 제대로 들었다. 그리고 하늘이와 함께 교실로 들어갔다. 놀라서 따라 들어가 보니, 둘은 칠판 앞쪽까지 우유 바구니를 가지고 가서 내려놓았다.

'아니, 내가 지금 뭘 본 거지? 하늘이랑 조한이가 원래 친했나?'

그날 저녁, 일찌감치 식사를 마친 뒤에 엄마 노트북을 들고 방으로 들어갔다. 처음엔 '장애인 편의 시설'과 관련된 기사를 찾을 생각이었다. 영상 몇 개만 잠깐 보고 시작해야지 했다가 어느새 유튜브에 푹 빠져들고 말았다. 한창 구독하는 유튜버 채널을 보며 키득거리는데, 휴대폰에서 알림 음이 울렸다. 메시지를 보낸 사람은 지원 이모였다.

어제 잘 들어갔는지 묻는 이모에게 답신을 보내다가, 오늘 청소 시간에 일어난 일이 떠올라 그 이야기를 해 주었다. 그리고 계속 마음에 걸리던 것들을 털어놓았다.

학기 초에도 조한이가 피구를 하다가 갑자기 혼자 공 가지고 도망가서 넘어진 적이 있었거든.

그런 일도 있었구나.

이번에 리코더 사건도 그렇고, 그럴 때마다 나도 모르게 그런 생각이 들더라고.

조한이가 꼭 우리와 함께 지내야 하는 건가 싶은 생각.

어쩌면 사랑반에서 도움받으며 생활하는 게 조한이한테 더 좋을 것 같기도 하고.

근데 이거…… 나쁜 생각이지?

궁금해하는 건데 나쁜 생각이 어딨어?

그래도 뭔가 좋은 생각은 아닌 것 같아서.

하늘이의 이야기

다음 날 점심시간, 미영이랑 매점을 다녀오다가 운동장 그늘에 혼자 앉아 있는 하늘이를 발견했다.

"미영아, 먼저 들어가! 난 모둠 숙제 때문에 하늘이랑 할 얘기가 있어서."

이어폰을 끼고 있는 하늘이에게 다가가 어깨를 툭 쳤더니, 하늘이가 놀라며 돌아보았다.

"여기서 혼자 뭐 해?"

"어? 아영아."

그때 마침 서윤이도 다가왔다.

"얘들아! 방금 미영이 만났는데 숙제 때문에 할 얘기가 있다며? 뭔데?"

나는 두 친구에게 어떻게 말을 꺼낼지 고민하다가 조심스럽게 입을 열었다.

"저기 있잖아, 어제 청소 시간에 복도에서 있었던 일 말이야. 시후가 조한이 앞에서 한 말이 마음에 걸려서……."

그러자 서윤이 얼굴이 뾰로통하게 바뀌었다.

"그게 왜? 시후는 나랑 친하니까 내 편 들어 준다고 그러는 거야."

서윤이는 자신과 가까운 시후에 대해 안 좋은 말을 해서 서운한 것 같았다.

"숙제 얘기가 아니라 내 친구 험담하려는 거면 난 빠질게."

자리에서 벌떡 일어난 서윤이가 뒤돌아서 총총걸음으

로 멀어졌다. 서윤이 마음을 상하게 하려던 건 아닌데 당황스러웠다.

하늘이가 처진 내 어깨를 다독이며 말했다.

"서윤이도 당황해서 그런 걸 거야."

뭔가 억울하고 속상했다. 내 말을 다 듣지도 않고 가 버린 서윤이에게 서운한 마음까지 들었다.

오후 수업 내내 풀이 죽어 있다가 어느새 하교 시간이 다가왔다. 하필 미영이는 오늘 모둠 모임이 있다며 먼저 나갔다. 가방을 메고 혼자 복도를 터덜터덜 걸어가는데, 뒤에서 누군가가 나를 불렀다.

"아영아, 오늘 혼자 가?"

뒤돌아보니 하늘이었다.

"괜찮으면 나랑 같이 갈래?"

나는 조금 놀랐지만 고개를 끄덕였다. 하늘이도 아까 점심시간에 있었던 일이 계속 마음에 걸렸나 보다.

아무 말도 없이 함께 하늘이와 운동장을 걸어가는데, 마음이 조금 풀리는 것도 같았다. 누군가 말없이 곁에 있어

주는 것만으로도 위로가 될 때가 있다던 지원 이모의 말이 떠올랐다.

나는 일부러 밝은 목소리로 하늘이에게 말을 걸었다.

"맞다. 나 어제 너 보고 놀랐어."

"어? 뭐가?"

"조한이랑 같이 우유 바구니 옮겼잖아."

"아, 난 그냥 조한이를 좀 기다려 줬을 뿐이야."

"기다려 줬다고?"

그때 교문 앞에 서 있는 서윤이가 보였다. 친구들이랑 학원에 간 줄 알았는데, 왜 여기에 혼자 있는 거지?

하늘이가 다가가 말을 걸었다.

"서윤아, 여기서 뭐 해? 누구 기다려?"

흠칫 놀란 서윤이가 쭈뼛거리다 나를 보며 말했다.

"이아영."

나? 영문을 모르고 서윤이를 쳐다보았다.

"아까 점심시간에는 미안. 정시후랑 워낙 친하니까 나도 모르게 화가 나서 좀 오버했어."

이 말을 하려고 지금까지 여기서 날 기다린 건가? 서운

했던 마음이 눈 녹듯이 사라졌다.

"뭘, 나도 미안. 서윤이 너는 시후랑 친하니까 그런 말을 들으면 기분 나쁠 수도 있었을 것 같아. 아까는 그런 생각까진 못 했어."

서윤이도 점심시간 이후로 나처럼 계속 마음이 안 좋았다고 했다. 그래서 친구들을 먼저 보내고 혼자 교문에 남아서 지금까지 나를 기다린 것이다.

우리 셋은 같이 걸어가며 이야기를 나누었다. 서윤이는 어제 일에 대해 다시 이야기를 꺼냈다.

"사실 시후가 리코더 사건 이후로 벼르고 있었거든. 자기 딴에는 내 편 든다고 그러는 건데, 어제처럼 조한이 앞에서 그러는 건 나도 싫었어."

서윤이는 조금 머뭇거리다가 좀 더 솔직한 마음을 털어놓기 시작했다.

"근데 솔직히 말하면…… 나도 평소에는 학원 애들이랑 그런 얘기 자주 했어. 조한이는 특수학교에 다니는 게 더 좋지 않겠냐고."

"아, 나도 가끔 같은 생각을 했어. 조한이한테 그게 더 도움이 될 것 같아서. 근데 왠지 나쁜 생각 같기도 하고 뭐가 맞는지 모르겠어. 사실 아까도 이 문제를 너희랑 얘기하고 싶었던 거였어."

"그래? 주하늘 너는 어떻게 생각해?"

나와 서윤이의 이야기를 잠자코 듣고만 있던 하늘이는 알 수 없는 표정을 지었다.

"글쎄."

그러더니 의외의 이야기를 꺼냈다.

"나 사실 전학 오기 전에 다녔던 학교에서 장애 학생 도우미를 했었어."

"장애 학생 도우미? 그게 뭐야?"

"같은 반에 다리를 움직일 수 없어서 휠체어를 타고 다니는 친구가 있었거든. 그 친구를 도와주는 또래 도우미."

"그런 도우미도 있어?"

"응. 그래서 단풍 카페에 더 관심을 가졌던 거야. 그 친구가 이동할 때마다 휠체어를 밀며 도와줬는데, 어디를 가도 문턱이 많아서 힘들었거든."

"그랬구나. 그 친구랑은 지금도 연락해?"

내 물음에 하늘이 얼굴에 그늘이 졌다.

"그 친구는 다른 학교로 강제 전학을 갔어."

하늘이는 작게 한숨을 쉬더니 말을 이었다.

"같은 반에 그 친구 다리를 심하게 놀리는 애가 있었거든. 계속 참다가 어느 날은 그 친구가 너무 화가 나서 놀리는 애를 휠체어로 들이받은 거야. 휠체어에 치인 애는 무릎이랑 발가락을 다쳤고."

나와 서윤이는 놀란 얼굴로 하늘이를 바라보았다.

"그 일이 문제가 되어서 내 친구는 전학 가게 됐어."

"놀린 아이가 먼저 잘못한 거잖아!"

서윤이가 화난 목소리로 외쳤다.

"하늘이 너도 또래 도우미라서 그 친구랑 친했던 거 아냐? 많이 놀랐겠다."

"사실 처음엔 조금 어색했지. 도우미도 선생님이 시키니까 한 거였고. 근데 막상 같이 다녀 보니까 말도 잘 통하고 재밌더라고. 나중엔 서로 속마음도 털어놓을 정도로 친해졌어. 동네 지도 그리기 취미도 그 친구랑 어울리면서 생긴 거야. 같이 놀러 가고 싶은 장소를 찾다가."

그렇게 가까워진 친구가 강제로 전학 가는 모습을 봤다니, 하늘이 마음이 어땠을지 상상조차 할 수 없었다. 무엇보다 그 친구의 마음은 어땠을까.

하늘이는 조금 망설이다가 말했다.

"사실 나도 너희처럼 생각한 적이 있었거든. 그래서 그 친구한테도 물어봤었어. 이렇게 불편하게 다니고 놀림 받느니, 차라리 특수학교로 가고 싶지 않냐고. 그때 그 친구가 한 대답이 지금도 기억나."

"뭐라고 했는데?"

"어떤 선택이든 자기 의지로 하고 싶다고 했어. 다른 사람의 시선이나 생각에 따라 선택하고 싶지는 않다고."

"……."

"그러면서 그러더라. '사람들은 나를 아픈 사람이나 이상한 사람으로 바라보지만, 난 그냥 나일 뿐이야. 난 그저 너희처럼 내 모습 그대로 학교에 다니고 싶어.'라고."

나와 서윤이는 아무 말도 하지 못했다.

두 사람과 헤어져 혼자 집으로 돌아가는 내내 하늘이 친구가 했다는 말이 머릿속을 맴돌았다.

'사람들은 나를 아픈 사람이나 이상한 사람으로 바라보지만, 난 그냥 나일 뿐이야.'

나는 그동안 조한이가 어딘가 아프고, 이상하고, 나와 너무 다른 아이라고만 생각해 왔다. 그런데 어쩌면 조한이도 그 친구와 같은 마음으로 학교에 다니고 있었던 게 아닐까?

용기를 낸 하루

목요일 음악 시간이 돌아왔다. 오늘도 글로켄슈필을 챙겨 들고 음악실로 갔다. 음악 선생님은 급한 일이 있는지 우리끼리 먼저 연습하고 있으라고 하고는 자리를 비웠다.

나는 글로켄슈필 가방 뚜껑을 열다가 주위를 둘러보았다. 하늘이의 이야기를 들은 이후로 왠지 조한이에게 자꾸 눈길이 갔다. 하지만 오늘 조한이는 사랑반에 갔는지 보이지 않았다.

그때 시후의 목소리가 들려왔다.
"서윤아, 너 리코더 새로 산 거야?"

아이들의 시선이 서윤이와 시후에게 향했다. 상아색 리코더를 들고 있던 서윤이는 고개를 저었다.

"아니? 원래 쓰던 건데?"

"윽, 우조한이 불었던 건데 더럽지 않아? 새로 사지 그랬어!"

기겁하는 시후의 큰 목소리에 "맞아.", "침 묻혔던 건데 찜찜할 것 같아." 하고 주변 아이들이 웅성거렸다.

서윤이의 얼굴이 빨갛게 달아올랐다. 뒤에 앉은 하늘이도 얼굴을 찡그렸다.

그때 갑자기 속에서 무언가가 끓어올랐다. 지하철에서 임산부석에 앉은 아저씨를 깨우던 지원 이모가 떠올랐다. 나도 모르게 큰 소리로 시후를 불렀다.

"야, 정시후!"

아이들의 시선이 일제히 나에게 향했다. 내 옆에 앉은 미영이는 물론, 서윤이와 하늘이도 놀란 얼굴로 나를 쳐다보았다. 얼굴이 조금 뜨거워지는 것 같았지만, 끓어오르는 마음을 참지 못하고 말했다.

"뭐가 더러워? 친구가 불었던 건데 뭐 어때? 난 미영이랑 아이스크림 한 개를 나눠 먹을 때도 있는데, 그럼 그것도 더러워?"

시후와 반 아이들의 눈이 동그랗게 커졌다. 평소에 화내는 법이 없던 내가 갑자기 이런 말을 하니 다들 놀란 것 같았다.

'괜히 나섰나……. 어쩌지.'

속으로 어쩔 줄 몰라 하고 있는데, 옆에 있던 미영이가 거들었다.

"맞아. 난 만날 이아영이랑 먹을 거 서로 나눠 먹는데? 너희는 친구끼리 안 그래? 그리고 민서윤도 리코더 닦아서 쓰는 걸 텐데 뭐가 문제야?"

그러자 시후는 민망했는지 입을 닫았다. 다른 아이들도 다시 악기 연습에 집중했다. '역시 넌 내 단짝이야.' 하는 눈빛으로 쳐다보니, 미영이가 눈을 찡긋했다.

음악 시간이 끝나고 교실로 돌아왔다. 다음 수업 교과서를 꺼내려는데, 뒤에서 누군가가 내 어깨를 톡톡 두드렸다. 돌아보니 서윤이었다.

혹시 또 친한 시후에게 뭐라고 했다고 화내려는 건가

싶었는데, 예상과는 다른 말이 들려왔다.

"아까는 고마웠어."

옆자리에 앉은 하늘이도 나를 보며 활짝 웃었다. 왠지 가슴이 시원하게 뚫리는 기분이었다.

그날 밤, 지원 이모와 통화하며 음악 시간에 있었던 일을 자세히 들려주었다. 우리 조카가 최고라며 호들갑을 떠는 이모의 목소리에 키득거리며 또 다른 소식을 전해 주었

다. 종례 시간이 끝난 후에 더 놀랄 만한 일이 있었기 때문이다.

"글쎄, 이모. 서윤이가 오늘 종례 시간 끝나고 조한이한테 처음으로 말을 걸었어."

– 그래? 뭐라고?

"상아색 리코더를 어디서 샀는지 알려 주면서, 전에는 놀라서 그랬다고 하더라. 조한이도 가만히 듣더니 "나도 미안해." 하고 사과한 거 있지?"

– 오, 아영이도 친구들도 너무 멋진데?

이모 말대로다. 내가 생각해도 내 친구들은 좀 멋진 것 같다. 불협화음 모둠이라는 말은 취소다!

함께 생각해 봐요!

무엇이 장애인 차별인가요?

　사람을 차별하지 말아야 한다는 사실은 누구나 알고 있지요. 우리나라에는 장애인을 차별하면 안 된다는 법이 있어요. 바로 장애인차별금지법(장애인 차별금지 및 권리구제 등에 관한 법률)이에요. 이 법에서 금지하는 '장애인 차별'은 무엇일까요?

　첫 번째는 '직접 차별'이에요. 장애인이라는 이유로 무언가를 못 하게 하거나 안 된다고 하는 경우예요. 이를테면 '장애인은 우리 학원에 등록할 수 없어요.', '장애인은 우리 식당에 들어올 수 없어요.' 같은 안내문 모두 직접 차별이라 할 수 있어요.

　두 번째는 '간접 차별'이에요. 대놓고 차별하지 않더라도 장애인이

도저히 할 수 없는 조건(기준)을 내세우는 경우예요. 쉬운 예로 학급에서 반장을 뽑는데, 한쪽 발에 장애가 있어 목발을 짚고 다니는 학생이 입후보했다고 가정해 봐요. 그런데 선생님이 갑자기 "우리 반 반장이 되려면 100미터 달리기를 20초 안에 뛰어야 한다."라고 제한을 두는 거예요. 반장에게 달리기 능력이 꼭 필요한 건 아니잖아요? 이렇게 무리한 기준을 이유로 장애 학생을 탈락시키면, 당연히 장애인 차별에 해당해요.

세 번째는 '정당한 편의 제공 거부'예요. 장애인이 정당한 편의를 제공해 달라고 요청할 때 거부하는 경우를 말해요. 지원 이모가 설명했듯이, 정당한 편의란 '장애인이 비장애인과 똑같이 누릴 수 있도록 제공하는 물건이나 서비스'를 의미해요.

여기서도 가장 중요한 것은 장애인이 어떤 '정당한 편의'를 원하는지 물어보며 소통하는 거예요. 사람마다 원하는 편의가 다르거든요. 예를 들어 청각 장애인 중에서 소리가 조금씩 들리는 사람은 천천히 또박또박 말을 거는 것을 편하게 여길 수 있지만, 소리가 전혀 들리지 않는 사람은 수어(수화) 또는 글씨로 대화하는 것을 바라기도 한답니다.

마지막은 '광고에 의한 차별'이에요. 여기서 말하는 '광고'는 TV나 유튜브에

나오는 광고만이 아니에요. 다양한 매체에서 나타나는 모든 표현을 뜻해요. 예능 프로그램에서 출연자가 "야, 왜 말이 없냐? 벙어리냐?"라고 말하며 낄낄거리는 장면도 포함되지요. '벙어리'라는 표현은 언어 장애인을 비하하는 말이에요. 이렇듯 장애를 웃음의 소재로 쓰는 경우도 법에서 금지하는 장애인 차별에 해당한답니다.

장애인을 뭐라고 불러야 하죠?

장애가 있는 사람을 가리켜 부를 때, 우리나라에서 법률로 정한 정식 용어는 '장애인'입니다. 하지만 많은 사람이 종종 '장애자'나 '장애우'라는 단어를 쓰곤 해요. 예전에 공식적으로 쓰던 '장애자'는 '놈 자(者)'가 붙은 말이라, 1987년 장애인복지법이 개정되면서 '장애인'으로 바뀌었어요. '장애우'는 '벗 우(友)'가 붙은 말인데, 장애인이 자신을 가리킬 때는 쓸 수 없어요. 게다가 장애인을 친구나 도움이 필요한 동정의 대상으로 바라보게 만드는 말이기도 해요.

그렇다면 장애인이 아닌 사람을 부르는 말은 무엇일까요? '정상인'이나 '일반인'이라는 말을 써서는 안 돼요. 장애인도 정상인, 일반인으로 살아가고 있으니까요. 장애인이 아닌 사람을 부를 때는 '아닐 비(非)'를 붙여 '비장애인'이라고 불러요.

　또 예전에는 벙어리, 꼽추, 난쟁이, 장님 같은 단어를 흔히 썼어요. 이는 모두 장애인을 비하하는 말이에요. 설령 장난이라 해도 듣는 사람이나 주변 사람들의 마음을 상하게 하는 말이라면 쓰지 않는 것이 좋겠죠?

잘못된 표현	올바른 표현
정상인, 일반인	비장애인
장애우, 장애자	장애인
앉은뱅이, 절름발이, 외팔이	지체 장애인
벙어리, 귀머거리	청각 장애인
장님, 소경, 맹인	시각 장애인

　장애인을 가리켜 "천사 같다.", "우리의 친구 장애인"이라고 표현하는 것은 어떨까요? 어떤 집단을 고정관념으로 특징짓는 것은 또 다른 차별이 될 수 있어요. 처음 보는 사람이 단지 내가 어리다는 이유로 다짜고짜 "꼬맹이가 참 귀엽네."라고 한다면, 칭찬이라 하더라도 기분이 나쁠 수 있겠지요? 말은 생각을 담는 그릇이라고 해요. 좋은 생각을 담

을 수 있도록 차별의 말을 차단해 보세요.

　이렇게 사소한 말이나 행동에서부터 상대방의 편에서 생각하는 인권 감수성이 자라나기 시작해요. 같은 시대를 살아가는 사람들의 인권 감수성이 높아지면 결국 나의 삶도 더 나아진답니다.

장애는 '극복'해야 하는 게 아니에요

　뉴스나 기사, 방송에서 "장애를 극복했다."라는 표현을 흔히 접하는데요. 장애는 개인이 노력으로 극복해야 하는 문제가 아니에요. 모든 사람이 장애로 불편을 겪지 않도록 이 사회가 바뀌어야 하는 문제예요. 휠체어를 타는 사람이 휠체어에서 뛰어내려 팔 힘으로 배를 밀며 계단을 올라가야 할까요? 안전한 엘리베이터를 설치해야 이 문제를 근본적으로 해결할 수 있겠지요.

　'유니버설 디자인'이라는 말을 들어 본 적 있나요? 장애인과 비장애인이 함께 편리하게 이용할 수 있는 '모두를 위한' 디자인을 말해요. 아영이와 친구들이 단풍 카페에서 돌아오는 길에 탄 전기 버스도 모두가 함께 쾌적하고 안전하게 탈 수 있는 유니버설 디자인을 적용한 것이랍니다. 또 장애인이나 거동이 불편한 노인, 유아차를 끄는 부모들도 쉽게 올라탈 수 있도록 차체를 낮게 만든 저상 버스가 있지요. 누구나 쉽게 계단을 오르내릴 수 있는 공원도 있어요. 이 모든 게 어려움을 함께 극복하고 다 같이 행복해지기 위한 노력이에요.

같이 가치 마음에 꽃

이런 전시회는 처음이야

금요일 오후, 수업이 끝나자마자 우리 모둠은 함께 교문을 나섰다. 어젯밤 지원 이모와 한참 통화하다가, 이모가 마침 우리 셋과 꼭 같이 가고 싶은 그림 전시회가 있다고 해서였다.

다들 시간이 될까 싶었지만, 의외로 서윤이와 하늘이 둘 다 냉큼 좋다고 했다. 오히려 서윤이는 모둠 숙제를 핑계로 당당하게 학원을 빠질 수 있다며 만세를 불렀고, 하늘

이는 그림 전시회에 처음 가 본다며 궁금해했다. 나도 친구들과 함께 가는 전시회는 처음이라 설렜다.

전시회가 열리는 미술관 근처 지하철역에서 내려 밖으로 나가니, 먼저 온 지원 이모가 우리를 기다리고 있었다. 이모는 오늘도 어김없이 아이들과 활기차게 하이 파이브 인사를 나누었다.

지원 이모를 따라 미술관 전시실 입구로 들어섰다. 입구에 걸린 커다란 현수막이 보였다. '같이 가치 마음에 꽃'이라는 글씨가 크고 작은 색색의 꽃 그림과 함께 예쁘게

수놓아져 있었다.

　구불구불 미로 같은 전시실로 들어가 보니, 다채로운 그림들이 걸려 있었다. 크레파스로 그린 그림, 물감으로 그린 그림, 종이를 찢어서 붙인 그림. 우리는 신이 나서 그림을 보며 재잘거렸다.

　"어? 이 그림 좀 봐! 내가 3학년 때 좋아하던 만화 캐릭터를 패러디했어."

　"와, 진짜 잘 그렸는데? 내 방에 붙여 두고 싶다."

　"이쪽에 있는 그림은 색이 엄청 화려하

고 멋지다."

사인펜으로만 그린 그림도 있었는데, 아주 작은 사람들이 세밀하게 표현되어 있어서 신기했다. 하나하나 그리는 데 꽤 오랜 시간이 걸리지 않았을까 싶었다.

그때 지원 이모가 우리를 불렀다.

"얘들아, 저쪽에서 그림 설명을 해 주는 것 같은데 같이 가서 들어 볼까?"

모여든 관람객이 많아서 설명하는 선생님의 얼굴은 보이지 않고 목소리만 들려왔다.

"발달 장애인은 지적 장애인이나 자폐성 장애인을 이르는 말이에요. 여기 있는 그림들은 화가 또는 일러스트레이터 선생님들과 함께 수업한 발달 장애 학생들이 정성껏 만든 작품이랍니다."

'뭐? 이게 모두 조한이 같은 발달 장애인들이 그린 그림이라고?'

나는 그제야 지원 이모가 갑자기 왜 전시회에 오자고 했는지 알아차렸다. 서윤이와 하늘이도 놀랐는지 눈이 동그래졌다.

"발달 장애인 중에서 지적 장애인은 어떤 일을 익숙하게 하려면 비장애인보다 오랜 시간이 걸려요. 하지만 한번 시작한 일을 싫증 내지 않고 꾸준히 이어 가는 사람이 많아요. 또 자폐성 장애인 중에는 예술적 감수성이 발달하거나 사소한 것도 세밀하고 완벽하게 표현하는 사람이 많죠. 지금 보시는 그림 하나하나가 그런 장점을 마음껏 살려 그린 것이랍니다."

장애인이 그린 그림은 기껏해야 유치원생이 그린 낙서 수준일 거라고만 생각했었다. 그런데 이곳에는 우리 학교 미술실에 걸려 있는 그림보다 멋진 그림도 많았다.

나는 이모가 가져다준 전시회 안내 책자를 펼쳐 보았다. 작가 소개란에는 나와 비슷한 또래부터 중학생, 고등학생, 대학생까지 다양한 사람의 사진이 담겨 있었다. 브이를 하며 장난스럽게 웃고 있는 친구, 멋진 선글라스를 쓴 채 손 하트를 날리는 오빠, 국회의원 선거 포스터처럼 당당한 포즈를 취한 언니…….

모두 평범하면서도 저마다 다르게 즐겁고 특별해 보였다. 마치 전시회에 걸린 가지각색의 그림들처럼.

다시 만난 하늘 삼촌

"와, 여기서 다시 보니 반갑네요!"

저쪽에서 누군가가 반가운 목소리로 인사를 건넸다.

앗, 휠체어를 타고 다가오는 저 사람은! 바로 지난 토요일 영화관에서 봤던 대학생 오빠였다.

"하늘 씨, 멋진 전시회에 초대해 줘서 고마워요."

그제야 이모가 보여 줬던 명함이 떠올랐다. 지원 이모가 반갑게 인사하며 우리를 소개했다.

"아영아, 지난 주말에 영화관에서 봤던 분 기억하지? 하늘 씨, 제 조카 이아영이에요. 이쪽은 아영이 친구들."

"다들 만나서 반가워요. 임하늘이라고 해요. 하늘 삼촌이라고 불러 줘요."

알고 보니 그날 지원 이모와 명함을 주고받은 하늘 삼촌이 오늘 전시회에 우리를 초대한 것이었다. 아까 관람객에게 그림을 설명해 준 사람도 하늘 삼촌이었다.

지원 이모가 하늘이 등을 슬쩍 밀며 "하늘 씨, 이쪽은 리틀 하늘이에요." 하고 소개했다. 하늘이와 서윤이는 쑥스

러워하면서도 하늘 삼촌과 반갑게 인사했다.

하늘 삼촌은 고맙게도 직접 전시장 안내를 해 주었다.

"이 전시회는 내가 멘토링을 하는 학생들이랑 함께 연 거야. 나는 이 근처 대학교에서 장애 학생 인권 동아리 회장으로 활동하고 있거든."

하늘 삼촌네 동아리는 초등학생부터 중고등학생까지 여러 장애 학생의 멘토링을 하고 있다고 했다. 주로 인권 교육을 하는 동시에 자립심을 키울 수 있도록 다양한 활동을 함께하며 지원하는 일이었다.

미술 활동도 그중 하나였는데, 활동 시간에 그린 그림을 모아 이번 전시회를 연 것이다. 하늘 삼촌의 자세한 설명을 들으며 다시 그림을 보니 작품 하나하나가 더욱 특별하게 느껴졌다.

한참 그림을 보던 하늘이가 조금 머뭇거리며 말했다.

"저기, 이런 거 물어봐도 될지 모르겠는데……."

"뭔데? 뭐든 좋으니 물어봐."

"대학에 들어가기 힘들지는 않았어요?"

하늘 삼촌은 "그 이야기를 하려면 밤새도 모자라지."

하며 말을 이었다.

"난 중학생 때 큰 교통사고를 당하는 바람에 그때부터 휠체어를 타게 되었어. 갑자기 달라진 몸으로 학교생활을 하려니 쉽진 않았지."

"사고가 난 뒤에도 계속 같은 학교에 다니셨어요?"

"응. 봄에 사고가 나서 병원에서 지내다가 다음 해에 학교로 돌아왔거든. 한 살 어린 동생들이랑 같이 생활했어. 그래서 그런지 좀 어려 보이지 않니?"

농담하며 웃는 하늘 삼촌의 미소가 보기 좋았다.

"그래도 난 좋은 선생님과 친구들을 만나서 나름 즐겁게 학창 시절을 보냈어. 그 사람들이 없었다면 글쎄, 같은 학교를 계속 다니기는 어려웠겠지."

하지만 대학에 들어가는 일은 쉽지 않았다고 했다.

"성적이 꽤 좋았는데도 막상 대학 원서를 쓰려니까 장애인이 다니기 어려운 학교가 너무 많은 거야. 전공은 둘째 치고 학교를 선택하는 데도 오래 걸렸어. 그래서 어렵게 대학에 들어온 뒤에는 내 경험을 바탕으로 어린 장애 학생들에게 도움을 주고 싶었지. 장애 학생들은 비장애 학생들보다 교육의 제약이 너무 많거든. 같은 기회가 주어지지 않으니까."

 하늘 삼촌은 그 때문에 마음이 맞는 친구들과 함께 장애 학생 인권 동아리를 만들었다고 했다. 삼촌의 이야기는 전시장의 그림처럼 낯설고도 놀라웠다. 지금까지 내가 모르던 세상을 들여다보는 기분이었다.

"내 멘티 학생들은 나중에 공연 예술 쪽에서 일하고 싶어 해. 재능도 열정도 얼마나 가득한지 몰라."

들뜬 하늘 삼촌의 목소리에 나까지도 설레는 기분이 들었다. 우리를 안내하는 하늘 삼촌의 휠체어가 문턱이 없는 전시장을 경쾌하게 돌아다녔다.

우리가 서로를 알게 되면

미술관 1층 매점에 들어갔던 지원 이모가 아이스크림을 사 들고 나왔다.

"자, 취향대로 하나씩 골라요, 골라!"

이모가 건넨 아이스크림을 입에 넣자 순식간에 달콤하게 녹아내렸다. 넷이서 맛있게 아이스크림을 먹으며 전시회를 본 감상을 한참 떠들었다. 그러다가 이모는 잠깐 기다리라며 또 어디론가 사라졌다.

"하늘 삼촌 좀 멋지지?"

내 말에 하늘이와 서윤이가 고개를 끄덕였다. 그러더니 서윤이가 뜻밖의 말을 했다.

"아영이네 이모도 멋진 것 같아."

"엥? 우리 이모? 정신없는 게 아니라?"

"크크. 그렇긴 한데, 거침없고 당당해서 멋있어. 변호사라 그런가?"

하늘이는 한술 더 떴다.

"아영이 너도 이모를 닮았던데?"

아니, 이건 또 무슨 소리? 내가 호들갑스러운 지원 이모를 닮았다니?

"어제 음악 시간에 말이야. 시후한테 큰소리치는 모습이 꼭 너희 이모 같더라."

하늘이가 웃으며 말하자 서윤이도 덩달아 킥킥거렸다. 조금 민망했지만 기분은 나쁘지 않았다. 그래도 왠지 쑥스러워서 화제를 돌렸다.

"참, 서윤이 네가 어제 조한이한테 먼저 말 걸어서 되게 놀랐어."

그러자 금세 얼굴이 빨개진 서윤이가 말했다.

"사실 리코더 사건 때부터 마음이 답답했거든. 처음엔 조한이가 밉기만 했는데 애들 반응을 보니 미안해지기도 하고, 뭐가 맞는지 모르겠더라고."

지금 와서 생각해 보니 누구보다 서윤이가 제일 힘들었을 것 같았다. 나는 서윤이의 어깨를 토닥이며 말했다.

"네 잘못이 아니야. 그 일이 누구 잘못인지 가리는 건 중요하지 않다고 선생님도 말씀하셨잖아."

하늘이도 힘껏 고개를 끄덕였다.

"응, 이제 정말 괜찮아. 그래서 어제 조한이한테 말을

걸었어. 조한이도 나도 서로를 더 알고 나면, 지난번 같은 일이 생겨도 잘 풀어 갈 수 있을 것 같아서."

가정통신문에 쓰여 있던 담임 선생님의 말이 떠올랐다. 서로를 알면 다름이 그렇게 큰 차이가 아니라는 사실을 깨닫게 될지도 모른다는 말.

"그리고 시후랑도 이야기했어. 내 편 들어 주고 싶어

하는 건 알겠지만 그런 말은 하지 않았으면 좋겠다고. 정시 후 다신 안 그럴 거야. 걔가 철이 없고 말을 세게 해도 생각보다 마음이 여리거든."

장난스러운 서윤이의 말에 우리 모두 웃었다.

그때 지원 이모가 또 뭔가를 잔뜩 들고 달려왔다.

"얘들아, 이거 봐! 우리 방금 보고 온 그림들이 엽서로 나와 있어! 대박이지?"

"아니, 그새 기념품까지 사 온 거야? 못 말린다니까."

지원 이모는 아이처럼 즐거워하며 엽서를 나눠 주었다. 우리는 각자 마음에 드는 엽서를 골랐다. 방에 붙여 두고 싶었던 그림이 담긴 엽서도 있었다.

오랫동안 기억하고 싶은 하루가 또 생겼다.

서로 다른 클로버가 모이면

세 가지 빛깔 클로버

    모둠 숙제 발표일이 다가왔다. 전시회를 다녀온 이후로 우리 모둠은 지금까지 경험한 일을 정리하면서 발표를 준비했다. 각자 하트 한 개, 그러니까 세잎클로버의 한 잎씩을 맡아 발표하기로 했다.

    완성된 잎을 책가방에 넣고 학교로 향하는데 마음이 설렜다. 선생님이 처음 숙제를 내준 날이 떠올랐다.

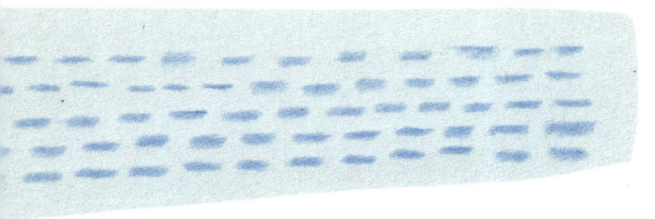

'그날은 숙제가 귀찮기만 했는데.'

드디어 숙제를 발표할 시간, 조한이도 이번 발표 수업에 함께였다. 그래서인지 왠지 더 긴장되었다.

발표를 시작하기 전에 담임 선생님이 말했다.

"오늘 선생님은 너희를 가르치려는 게 아니라, 너희가 지난 2주 동안 경험한 시간을 배우는 마음으로 이 자리에 섰어. 자, 그럼 시작해 볼까?"

우리 모둠 발표는 세 번째였다. 미영이네 모둠이 첫 번째였는데, 왈가닥 미영이답게 떠들썩하게 발표해서 다들 웃음이 터졌다. 미영이네 모둠은 장애인 인권을 위한 서명에 참여했다고 했다. 난생처음 참여한 서명이라 더 뜻깊었다면서, 그곳에서 받은 배지를 보여 주는 미영이의 표정이 뿌듯해 보였다.

두 번째 윤준이네 모둠은 장애와 관련된 '말'에 대해 조사하고 정리한 이야기를 들려주었다. 그중에는 지원 이모와 이야기했던 '병신'이나 '정신병자' 같은 말뿐만 아니라 '벙어리장갑'처럼 정말 아무렇지 않게 생각하던 단어까지도 포함되어 있어서 깜짝 놀랐다.

드디어 우리 모둠 순서가 되었다. 가장 먼저 서윤이가 발표하기로 했다. 서윤이가 칠판에 붙인 잎의 색깔은 빨간색이었다. 빨간색 잎에는 서윤이가 무지개그램에도 올렸던 단풍 카페의 부엉이 인형 사진이 붙어 있었다.

"저는 이 색깔처럼 빨간 잎이 떠오르는 단풍 카페 이야기를 하려고 합니다. 저희 모둠은 '무장애 카페'라고 불리는 단풍 카페에 다녀왔는데요. 그곳에는 문턱이 없어서 휠체어나 유아차도 편하게 다닐 수 있어요. 또 앞이 보이지 않는 사람도 확인할 수 있는 점자 메뉴판이랑 글을 모르는 사람도 메뉴를 고를 수 있게 만든 그림 메뉴판이 있어요."

반 아이들이 신기해하자, 서윤이는 신이 난 목소리로 발표를 이어 갔다.

"평소에는 자연스럽고 당연하게만 생각했던 것들인데 누군가에게는 그렇지 않다는 사실에 놀랐어요. 다른 사람의 입장을 생각하면서 차별을 하나씩 바꾸어 가면 모두가 좀 더 행복해질 수 있을 것 같아요."

서윤이는 발표 중간에 단풍 카페에서 먹었던 팬케이크가 정말 맛있었다는 이야기도 빠뜨리지 않았다.

다음은 하늘이 차례였다. 하늘이는 주황색 잎을 서윤이의 빨간색 잎 옆에 붙였다. 주황색 잎에는 전시회에서 지원 이모가 사 준 그림엽서가 붙어 있었다.

"제가 발표할 이야기를 담은 잎은 주황색입니다. 주황색은 에너지와 활력을 의미하는 색깔이래요. 얼마 전에 저희 모둠이 다녀온 전시회에서 되게 좋은 에너지를 얻고 왔거든요."

평소 조용하던 하늘이가 차분하면서도 또렷한 목소리로 발표하자 반 아이들 모두가 귀를 쫑긋했다. 하늘이는 그 작품들이 사실 발달 장애 학생들의 그림이었다는 이야기를 들려주었다.

"우리가 같이 살아가려면, 상대방을 잘 모르면서 함부로 판단하면 안 된다는 사실을 깨달았어요. 사람은 누구나 자기만의 색깔과 개성이 있다는 것도 알게 되었고요."

하늘이의 발표가 감동적이었는지 아이들의 박수 소리가 유난히 컸다.

마지막 차례는 나, 이아영이었다. 내가 고심해서 고른 잎 색깔은 흰색이었다. 마지막 잎에는 지원 이모와 함께 본 영화 입장권을 붙여 두었다.

나는 떨리는 목소리로 발표를 시작했다.

"제가 흰색을 고른 이유는 얼마 전 영화관에서 본 마크 때문입니다. 스크린에서 제일 가까운 맨 앞자리 바닥에 흰색으로 그려져 있는 휠체어 표시를 보았어요. 저는 장애인

석이 그 자리에 있다는 것을 그날 처음 알았어요."

그리고 우리나라 장애인들이 영화관을 얼마나 이용하는지 조사한 결과에 이어서, 이모가 들려준 '정당한 편의'에 대해서도 설명했다.

"저는 사실 그동안 장애인을 '도와줘야 하는 사람'이라고만 생각했어요. 솔직히 불쌍하다고 생각할 때도 많았고요. 그런데 이번에 알았어요. 장애인은 불쌍한 사람이 아니라 우리처럼 정당한 편의를 누릴 권리가 있는 사람이라는 것을요."

내 발표를 듣는 조한이와 눈이 마주쳤다. 그 순간 세 사람이 떠올랐다. 사람들이 이상하게 쳐다보는 얼굴의 커다란 반점을 '행운의 나뭇잎'이라 부르며 있는 그대로 자신을 사랑하는 인하 이모, 장애 학생들이 비장애인과 같은 기회를 누릴 수 있도록 지원하는 하늘 삼촌, 그리고 친구들과 함께 학교에 다니기를 바랐던 하늘이의 친구도.

"모두가 자기 모습 그대로 살아가더라도 행복할 수 있는 세상이 되도록 노력하고 싶어요."

발표가 끝나고 이어지는 박수 소리에 나는 서윤이, 하

늘이와 마주 보며 웃었다.

빨간색과 주황색 그리고 흰색으로 완성된 우리 모둠만의 세잎클로버. 제법 색깔이 잘 어울리는 것 같았다. 그렇게 우리 반 칠판에 여덟 개의 형형색색 커다란 세잎클로버가 피어났다.

네가 좋아하는 것들

"자, 이번에는 마지막 발표 순서야."

모든 발표가 끝나고 담임 선생님이 말했다.

'마지막 발표? 모둠 발표는 다 끝났는데?'

선생님은 조한이의 손을 잡고 앞으로 나왔다. 조한이는 머뭇거리다가 선생님에게 무언가를 건넸다. 작은 USB였다. 선생님이 그걸 교실 컴퓨터에 꽂았다.

"그동안 조한이가 자기 이야기를 반 친구들과 나눌 기회가 없었던 것 같아. 그래서 이번에는 조한이가 직접 자기 이야기를 할 거야. 일명 우조한 사진 소개서!"

우리는 기대 반 걱정 반으로 조한이를 바라보았다. 선

생님이 USB에 저장된 파일을 열자 교실 모니터 화면에 '나, 우조한이 좋아하는 것들'이라는 제목이 크게 떴다.

'조한이가 좋아하는 것들? 뭘 준비해 온 거지?'

조한이가 작은 목소리로 말했다.

"나는…… 내가 찍은 사진을 가져왔어."

천천히 화면이 넘어가자 여러 장면을 담은 사진들이 앨범처럼 펼쳐졌다. 조한이가 평소 집이나 동네에서 찍은 듯한 사진들이었다.

곤히 잠든 엄마의 얼굴, 신발장에 놓인 아빠의 커다란 슬리퍼, 얼마나 읽었는지 너덜너덜해진 그림책, 포근해 보이는 니트 양말, 아주 매워 보이는 빨간 떡볶이, 창밖으로 보이는 하늘, 아파트 화단에 피어난 들꽃, 골목에 누워 하품하는 길고양이, 낙서가 그려진 담벼락, 노란색 유치원 버스, 파란불이 켜진 신호등…….

평소 무심코 지나쳤던 물건이나 풍경이 사진 한 장 한 장마다 따뜻하게 담겨 있었다. 화면이 넘어갈 때마다 다음엔 어떤 사진이 나올지 궁금했다. 학교 근처 분식집 사진이 나왔을 때는 다들 반가운 목소리로 아는 체하기도 했다.

그리고 마지막으로 뜬 사진은 '청진초등학교'라는 현판이 달린 우리 학교 교문이었다. 조한이가 학교를 얼마나 좋아하는지 알 것 같아서 마음이 뭉클해졌다.

화면이 꺼지자 모두가 "와!" 하고 박수를 쳤다. 조한이는 쑥스러운 듯 머리를 긁적였다. 담임 선생님이 조한이 어깨를 두드리며 말했다.

"방금 본 화면은 조한이가 평소 좋아하는 것들을 찍은 사진들이야. 같이 이야기해 보니, 조한이는 사진 찍는 걸 가장 좋아한대."

조한이와 같은 반이 된 지 두 달이나 지났지만, 이렇게 멋진 사진작가일 줄은 전혀 몰랐다. 왠지 조한이와 한 걸음 더 가까워진 기분이었다.

"누구에게나 자기만의 이야기가 있지. 오늘처럼 그 이야기를 서로 알아 가려고 노력할 때, 우리는 서로를 좀 더 이해할 수 있을 거야."

이제 선생님의 말뜻을 알 수 있었다. 2주 동안 조한이는 물론, 그동안 잘 몰랐던 서윤이와 하늘이의 이야기도 새롭게 알게 되었으니까.

"자, 오늘 너희가 만들어 온 세잎클로버의 꽃말이 뭔지 아니?"

"행운이요!"

"야, 그건 네잎클로버 꽃말이지. 세잎클로버 꽃말은 행복이야."

"하하, 맞아. 행복. 서로를 알아 가는 일은 '함께 행복해지는 법'을 찾아가는 일과 같다고 생각해. 그리고 누구든 있는 모습 그대로 인정받고 존중받는 세상이야말로 모두가 행복한 세상이 아닐까?"

선생님의 이야기를 듣고 다시 칠판을 보니, 저마다 다른 색으로 칠해진 여러 개의 세잎클로버가 더욱 특별하게 느껴졌다. 서로 다른 모습들이 함께 만들어 가는 행복처럼.

"자, 오늘 용기를 내서 자기 이야기를 들려준 서로에게 박수를 보내 주자."

4학년 3반 교실에서는 한참이나 박수 소리가 울려 퍼졌다. 힘차게 손뼉을 치는 조한이 얼굴에도 내 얼굴에도 환한 웃음꽃이 피었다.

끝나지 않은 우리의 이야기

함께 생각해 봐요!

왜 장애인들을 만날 수 없나요?

장애인을 만나 본 경험이 있는 친구보다는 장애인을 한 번도 만나 본 적 없는 친구가 더 많지요. 왜일까요? 해외여행을 다녀온 친구들은 "길거리나 대중교통, 어디에서나 장애인을 쉽게 볼 수 있어서 신기했어요."라고 말하기도 해요. 또 어떤 친구는 길거리에서 장애인을 만나면 사실 좀 무섭다고 이야기하면서 죄책감을 느끼기도 하고요.

그런데 그건 죄책감을 느낄 일이 아니에요. 서로 만난 적이 거의 없기에 익숙하지 않아 두려움이 생기는 거예요. 게다가 내게는 없는 모습이나 특성을 낯선 상대방에게서 발견하면 선뜻 다가가기 어려운 게 자연스러운 마음이지요. 우리가 해야 할 일은 죄책감을 느끼기보다

"왜 우리 사회에서는 장애인을 만나기 어려울까?"라는 질문을 던지는 거예요.

조선 시대만 해도 장애인이 태어나고 자란 동네에서 잘 살아갈 수 있도록 나라에서 도왔다고 해요. 장애가 있으면 군대에 가지 않아도 되었고, 장애인에게 범죄를 저지른 사람은 무거운 형벌로 다스리기도 했어요. 또 장애인은 신분에 상관없이 능력에 따라 관직에 채용하고, 자립할 수 있도록 장애인을 위한 일자리도 만들어 냈어요.

그러다가 산업화와 도시화가 진행되면서 스스로 일상생활을 하기 어려운 장애인들을 시설에서 지내게 하는 정책이 생겨났어요. 처음에는 좋은 의도로 시작한 정책이었지만, 시간이 지날수록 나쁜 점이 두드러졌어요. 사람이 많이 모이는 곳에는 다툼이 일어나기 마련이잖아요? 집단으로 생활하다 보면 갈등을 조율하기도 어렵고, 그 안의 복잡한 규칙에 맞춰 자유를 제한받는 일도 많아지지요. 그러다 보니 대규모 시설 안에서 심각한 인권침해를 당해도 바깥에 도움을 청하지 못하는 일들이 벌어지기도 했어요.

그렇게 장애인은 시설에서, 비장애인은 지역사회에서 분리되어 살다 보니 서로 만날 기회가 거의

사라졌지요. 최근 국가인권위원회에서 조사한 결과에 따르면, 한 시설에서 10년 이상 지낸 장애인이 60퍼센트라고 해요. 서로 눈을 마주치고, 마주 보며 알아 가는 경험이 쌓여야 함께 어우러져 살아가기 수월하겠지요? 처음부터 누군가를 좋아하기란 쉽지 않은 일이잖아요.

물론 '저 사람은 이럴 거야, 저럴 거야.'라는 편견만 없애도 '함께 살아가기'의 절반은 성공한 셈이에요. 먼저 다가가 적극적으로 말을 걸지 않더라도 나란히 있는 시간이 괜찮은 마음, 뭔가를 물어보면 놀라지 않고 잘 듣고 대답할 수 있는 마음을 품는다면, 함께 행복하게 살아가는 세상에 한 걸음 더 가까워질 거예요.

학교 폭력으로 고통받는 장애 학생이 있다면?

'학교폭력예방법(학교 폭력 예방 및 대책에 관한 법률)'은 학교 폭력을 "학교 내외에서 학생을 대상으로 발생한 상해, 폭행, 감금, 협박, 약취·유인, 명예훼손·모욕, 공갈, 강요·강제적인 심부름 및 성폭력, 따돌림, 사이버 따돌림, 정보통신망을 이용한 음란·폭력 정보 등에 의하여 신체·정신 또는 재산상의 피해를 수반하는 행위"라고 정의해요.

　장애 학생이 이러한 학교 폭력의 피해자가 되면, 그 학교가 속한 교육지원청에서 학교폭력대책심의위원회가 열려요. (학교의 장이 자체적으로 해결할 수 있는 경우도 있지만요.) 심의위원회는 피해 학생을 보호하기 위해 장애인 전문 상담가의 상담 또는 장애인 전문 치료 기관의 요양 조치를 학교의 장에게 요청할 수 있고, 학교의 장은 적절한 조치를 해야 해요.

　문제는 이 과정에서 피해 학생이 자신의 장애 특성에 맞는 정당한 편의를 제공받으면서 이야기할 수 있는 경우가 많지 않다는 거예요. 특히 정신적 장애가 있는 당사자(가해자나 피해자)는 진술을 못 할 것이라는 지레짐작으로 아예 의견을 묻지 않는 사례도 있어요. 절차가 정당하게 이루어져야 결과를 받아들일 수 있겠지요? 장애 학생이 당사자가 된 학교 폭력 사건은 그 학생이 잘 진술할 수 있도록 학교에서 미리 정당한 편의를 제공하는 것이 참 중요하답니다.